침묵의 공장

이 도서의 국립중앙도서관 출판시도서목록(CIP)은 서지정보유통지원시스템 홈페이지(http://seoji.nl.go.kr)와 국가자료공동목록시스템(http://www.nl.go.kr/kolisnet)에서 이용하실 수 있습니다.
(CIP제어번호: CIP2013003624)

강명관 지음

침묵의 공장

복종하는 공부에
지친 이들을 위하여

천년의상상

차례

침묵하는 공장
— 지식을 생각한다

1 공장은 말이 없다 11
2 국가-자본-테크놀로지, 지배의 트라이앵글 12
3 자본과 인문학 사이의 거리 16
4 국가 기관-학진, 연구를 중독시키다 18
5 머리 숙인 인문학, 관학 25
6 연구비의 저주 27
7 콘텐츠론의 허구성 31
8 상실의 20년, 자발적 노예가 된 인문학 35
9 진정한 인문학은 수공업이다 38

영웅서사시로서의 한국사를 넘어
— 만들어진 국사의 비극

1 역사는 역사가 아니다 47
2 불확실한 주어, 민족 51
3 술어를 강요하는 '민족' 주어의 권력 54
4 민족사의 정해진 구조, 영웅서사시 58
5 국민을 제작하는 국사 교육 67
6 새로운 역사, 인간의 역사 71

국문학과 삶의 교직
— 편집된 국어, 굳어버린 문학 연구

1 들어가며 77
2 창작과 감상의 일치, 생활과 문학의 교직 78
3 교직성이 제거된 연구, 근대주의 문학사 85
4 문학 연구는 어디로 나아가야 하는가 93
5 마치며 99

국문학의 대중화
— 집단이 아닌 인간의 가치에 다가서다

1 교과서에 갇혀버린 국문학 105
2 '국민국가'가 구성한 국어, 외면당한 한문학 108
3 민족에서 자본으로 112
4 대중화의 전제 조건 117
5 국문학, 어떻게 대중과 만날 것인가 124
6 인간을 지향하는 국문학을 바라며 127

머리말

고등학생이 아파트에서 뛰어내렸다. 성적의 중압감에 몰려, 학습노동에 지쳐 스스로 목숨을 끊은 것이다. 오늘의 이 참극은 어제도 있었고, 내일도 이어질 것이다. 교육과 학교는 사람을 사람답게 살게 하자고, 사람을 살리자고 있는 것이다. 하지만 지금의 교육은 도리어 사람을 죽인다. 교육이란 말의 뜻이 이처럼 뒤집히고 더럽혀진 적은 없을 것이다. 더욱 비극적인 것은 아이들이 스스로 자기 생명을 버리는 비극이 이어져도 아무도 대책을 내놓지 않는다는 점이다. 대한민국은 타인의 고통에 공감하지 못하는 사이코패스 집단이 된 것이다.

대학은 공부, 곧 학문을 하는 곳이다. 또 교육하는 곳이다. 하지만 대한민국의 대학은 한 개인의 사회적 서열을 매기는 곳이고, 차등화된 노동자를 배출하는 곳이 된 지 오래다. 공부와 교육을 위한 곳이 아니다. 공부는 논문의 양산으로 대치되었고, 교육은 학점을 주고받는 과정에 불과하다. 초·중·고등학교가 붕괴한 것처럼 대학도 붕괴하고 있다.

문제를 반추해보면 자본과 국가란 괴물을 만나게 된다. 학교-교육과 대학을 조종하는 것은 바로 이 괴물들이다. 워낙 오랫동안 우리는 이 괴물들에게 길들어왔다. 하여, 그들의 이야기를 진리인 것처럼 섬기고 산다. 그들의 이야기는 자신들의 말에 복종하라는 주문이다. 지금 우리의 주변을 떠도는 많은 이야기는 바로 '복종하는 공부'의 변주물이다. 청소년의 죽음 역시 따져 거슬러 올라가면 '복종하는 공부'가 강요한 것일 터이다. 대학에서의 학문의 죽음 역시 그와 관련될 터이다.

내가 자유로워지기 위해서는 그 복종의 이야기를 찬찬히 따져 보아야 할 것이다. 그 속내를 알아야 비로소 자유를 향해 발걸음을 내디딜 수 있을 것이다. 이 책에서 내가 하는 이야기가 별스런 것은 아니다. 우리 모두가 생각해오던 이야기를 정리해 글로 엮은 것일 뿐이다. 읽는 분들에게 약간의 공감이라도 얻었으면 한다.

2013년 4월 강명관

침묵하는 공장

지식을 생각한다

● 일러두기

인문학담론모임은 부산대학교 인문대학의 몇몇 교수들이 만든 자유로운 토론 모임이다. 1995년 3월 16일 1회 모임을 가져 2007년 6월 18일 1백 회를 끝으로 해산했다. 1년에 8번(곧 방학을 제외한 3·4·5·6월, 9·10·11·12월) 모였고, 12년 반 동안 한 번도 거른 적이 없었다. 토론 주제는 인문학이 주류를 이루었지만, 예술·정치학·경제학·사회학·천문학 등 다른 분야도 소홀히 하지 않았다. 심지어 양자역학까지 토론의 대상이 되었다! 인문학담론모임은 뚜렷한 회원의 범위가 없다. 따라서 조직도 임원도 없다. 발표자를 부르고 자리를 마련하는 것은 모임에 열의가 있는 사람들의 자발적 참여에 의해 이루어졌다. 학문적 아나키즘을 유쾌하게 실현했던 것이다. 하지만 여러 사정으로 인문학담론모임은 1백 회를 끝으로 해산했다. 이 글 〈침묵의 공장—지식을 생각한다〉는 인문학담론모임의 해산을 기념하여 쓴 것이다. 따라서 글의 내용은 모두 2007년의 시점에서 작성된 것이다. 읽으시는 분이 이 점을 고려해주었으면 한다.

1 공장은 말이 없다

공장은 거대하지만 기계음이 들리지 않는다. 조용하다. 먼지 오염을 방지하기 위해, 공기는 청정하게 관리되고, 노동자들은 제복, 혹은 방진복을 입고 일한다. 말도 필요 없다. 모든 것은 자동화되어 있다. '노동쟁의'는 고어사전에서 찾아볼 단어가 되었다. 청정하고 쾌적한 공장은 한때 우리의 이상이었던 바, 이제 그것이 실현된 것이다.

공장을 지배하는 것은, 완벽한 침묵이다. 사내들의 노동의 노래에 섞여 있던 땀 냄새와 손끝을 놀리던 아낙들의 자지러지는 웃음소리 또한 사라졌다. 나는 내가 만드는 물건의 용도를 모른다. 나는 다만 급여를 받기 위해 일할 뿐이다. 이 완벽한 노동공간은 컴퓨터에 의해 통제된다. 나는 이제 생각할 필요조차 없다. 일과를 마치면 값싼 말초적 쾌락이 기다리고 있다. 나의 생은 즐겁다.

 1995년 3월 16일에 보다 자유로운 학문적 토론을 위해 시작했던 인문학담론모임은 이제 1백 회를 맞았다. 구성원의 범위도 정확하지 않고, 조직도 없는, 오직 담론의 자유를 위해 탄생한 모임이 단 한 번도 거르지 않고 12년 6개월 동안 이어졌다. 하지만 1백 회를 마지막으로 담론모임은 스스로 숨을 거둘 예정이다. 어쩐 일인가. 나는 생뚱맞게 침묵이 지배하는 공장의 광경을 상상한다. 상상은 상상을 낳는다. 양계장과 총장 선거! 이 해괴한 이미지의 결합도 눈에 떠오른다. 왜인가. 그 이유는 이제부터 말할 터이다. 말이 조금 거칠더라도 양해를 바란다. 이건 무슨 거룩한 논문이 아니기 때문이다.

2 국가-자본-테크놀로지, 지배의 트라이앵글

지금 한국 사회를 지배하는 것은 국가, 자본, 테크놀로지가 이루는 트라이앵글이다. 우리의 삶은 이 삼각형을 벗어날 수 없을 것이다. 인문학 역시 트라이앵글 속에 갇혀 있다. 이 삼각형을 제외하고 인문학의 위기를 논하는 것은 우스꽝스러운 일이다. 황우석 사건을 보라. '환자맞춤형 배아줄기세포는 우리 대한민국의 기술'(황우석의 말)이며, 수십 수백 조의 이윤을 획득할 것이라고 선전되었다. 생명과 윤리는 잊혀졌다. 황 교수의 연구는 과학이 내셔널리즘과 자본주의와 테크놀로지의 지배하에 있다는 것을 백일하에 드러냈던 것이다.

인문학이라 해서 다르지 않다. 어떤 순진한 사람은, 학문의 순수성, 중립성을 말하지만(유사 이래 그런 것은 없었다), 국가·자본·테크놀로지의 권력은 이미 인간의 삶을 완벽하게 관리, 지배하고 있기에 거기에는 어떤 중립적 영역도 남아 있지 않다. 예컨대 이윤과 결합하지 않는 순수한 테크놀로지는 존재하지 않는다. 따라서 그 테크놀로지의 근거인 자연과학과 공학에도 순수성은 애당초 존재하지 않는다. 이 트라이앵글은 자본-국가, 자본-테크놀로지, 국가-테크놀로지, 자본-국가-테크놀로지의 관계로 현현한다. 이 결합 쌍들이 결코 중립적이지 않음을 이미 황 교수 사건이 확인해주었다. 그들 가운데 어느 하나를 공격하면, 배후의 둘은 메두사의 머리가 되어 격렬히 반발한다. 자본을 비판하면, 곧 내셔널리즘과 테크놀로지가 반격에 나서는 것이다. 아무도 메두사의 목을 베는 페르세우스가 될 수 없다.

한국의 대학은 이 트라이앵글을 재생산하는 기관이다. 따라서 국가, 자본, 테크놀로지의 요구를 거부할 수 없다. 그것들이 곧 대학을 존재하게 하는 원천이기 때문이다. 국립이든, 사립이든, 서울이든 아니면 '지방'이든, 총장이 누가 되든, 대학은 국가와 자본과 테크놀로지의 무례한 요구를 거부할 수 없다. 아니 스스로 그 앞에 무릎을 꿇고 수평으로 눕힌 칼로 자신의 어깨를 눌러줄 것을 간절히 바란다.

국가가 교육을 수단으로 일방적으로 국민을 제작해내고, 국민 제작을 통해 국가권력의 정당성을 재생산하고 있는 이상, 국가는 교육과 대학의 지배를 포기하지 않는다. 대학의 자율성이란 아무리 좋은 말로 포장해도, 수사에 불과한 것이다. 자본은 어떤가. 한국의 대학은 자본의 밀도에 따라 차등적으로 존재하고 있고, 또 자본의 영원한 존속을 위해 차별화된 인간 개체의 생산을 필요로 하기 때문에 위계화된 대학의 존재를 포기하지 않는다. 자본의 논리는 대학을 떠날 수가 없다. 테크놀로지 역시 대학을 지배하는 방법이다. 대학의 연구, 운영에서 디지털화하지 않는 영역이 거의 존재하지 않는다는 사실을 생각해보라. 21세기 자본은 오로지 테크놀로지의 발달을 통해 자신을 증식한다. 때문에 테크놀로지가 마치 인간을 해방시킬 유일한 방법인 것처럼 오인誤認되고, 자본은 대학에 테크놀로지를 개발할 방법과 인간-도구를 요구한다.

이 트라이앵글에 갇힌 대학은 자율성을 상실한 지 오래다. 대학은 오직 '외부'에 의해서 작동하는 수동적 기계일 뿐이다. 예컨대 최근 수삼 년 동안 진행된 부산대학교의 '발전'이라는 것을 보자. 부산대학의 발전 계획은 오로지 어떤 신문사의 대학 평가 기준을 충족시키기 위한 노력으로 구성된다. 신문사의 대학 평가는 한국 대학의 위계를 결정짓는 권력의 작동을 여실히 보여준다. 즉, 대학은 이미 '외부'의 명령에 의해 작동하는 기계가 된 지 오래인 것이다. 신문사가 대학 평가에서 사용하는 측정 단위들, 예컨대 논문 생산율과 SCI Science Citation Index 논문 등재율, 그리고 시설의 구비 비율 등을 향상시키는 수단은 단 두 가지다. 하나는 돈이고 다른 하나는 국가의 지원이다. 즉 자본이 투자된 만큼 그 퍼센티지가 높아지며, 동시에 국가권력의 보호 정도가 높을수록 퍼센티지가 더욱 올라간다. 대학 구성원의 자발적 노력은 존재하지 않는다. 왜냐하면 자발성을 이끌어내는 것이, 돈이거나 처벌이기 때문이다. 대학 간의 자발적 경쟁이 발전을 불러오는 것처럼 생각되지만, 그것은 허구에 불과하다. 왜냐하면, 결국 자본의 밀도와 국가의 보호가 등위를 결정하는 것이고, 그 결정권은 이미 자본과 국가가 쥐고 있기 때문이다. 요컨대 대학은 자율성을 완전히 상실하고 '외부'에 의해 작동하는 장치가 되었다.

    대학은, '사회'가 아닌 '기업'에 인력, 곧 위계화 된 노동자를 공급하는 취업 준비기관일 뿐이며, 동시에 한국 사회의 지배자와 피지배자를 결정하는 장치로서 기능한다. 따라서 그것은 자본과 국가를 영원히 재생산하는 장치인 것이다. 좀 더 야박하게 말하자면 한국 사회에서 대학은 모 기업의 하청업체이거나 기업에 '인적 자원'을 공급하면서, 사회적 불평등을 재생산하는 기지로 전락한 지 오래다.

3 자본과 인문학 사이의 거리

대학은 학문을 하는 곳인가. 그렇다고 말할 수 있다. 하지만 대학의 학문은 자본의 지배하에 있는 학문일 뿐이다. 특정 학문의 중요성은, 자본과의 거리, 곧 자본을 재생산할 수 있는 능력과의 거리에 따라 결정된다. 동일하게 말해서 학문의 위계는, 테크놀로지를 첨단적으로 생산하여 자본의 이윤 증식에 기여하거나, 아니면 자본의 영속적인 사회 지배, 곧 불평등한 사회의 영속화를 목적으로 하는 국가권력과의 거리에서 결정된다. 상경대, 의대, 약대, 법대, 공대 등의 단과대학의 학문이 선호되는 것은 곧 자본-국가권력-테크놀로지와의 거리가 가깝기 때문이다. 이에 반해 인문학은 어떠한가. 인문학은 자본과의 거리가 가장 멀고, 또한 태생적으로 자본에 대해 비판적이(어야 한)다. 근자 다수의 대학에서 철학과가 폐과의 대상이 된 것은, 철학이 자본과의 거리가 가장 멀고, 또 자본을 근저에서부터 비판하(여야 하)기 때문이다.

물론 인문학 중에서도 선호되는 학문은 있다. 영어영문학과와 중어중문학과, 일어일문학과는 비교적 선호의 대상이 된다. 미국과 일본은 자본주의의 센터이고, 중국은 지리적·역사적으로 인접해 있으면서 급속도로 자본주의화하고 있기 때문이다. 이 외에 축출의 가능성이 적거나 축출에 대해 항변하여 살아남을 수 있는 분야도 있다. 사학과의 '국사학'이나 국어학, 국문학이 그것이다. 국사학은 집단의 과거를 독점적으로 소유함으로써 내셔널리즘을 재생산하여 국가권력에 정당성을 부여하고, 국어학과 국문학 역시 국민을 강제적으로 구성하는 도구인 '국어'를 수호하기 때문이다. 그 외의 인문학은 자본과의 거리가 멀기 때문에 선호되지 않는다. 물론 영어영문학, 일어일문학, 중어중문학의 선호도 허위의식일 뿐이다. 그것은 외국어를 구사하는 능력을 기르는 기회를 제공한다는 이유에서 선호될 뿐이지, 결코 촘스키Noam Chomsky(1928~)나 가라타니 고진柄谷行人(1941~)이나, 루쉰魯迅(1881~1936)이 견인장치인 것은 아니다.

궁극적으로 인문학은 자본의 이익을 충족시키지 못하기 때문에 자본의 권력으로 인해 소외되고 주변화된다.

4 국가 기관-학진, 연구를 중독시키다

한국에서 자본의 규모가 커질수록, 자본의 국가권력에 대한 포지도抱持度가 높아질수록, 학문의 위계화는 급속도로 진행될 것이다. 따라서 이미 식상한 어휘가 된 '인문학의 위기'는 인문학만의 위기는 아니다. 자본이 학문의 위상을 다시 배치하고 있는 이상, 정도의 차이일 뿐 자본과의 거리가 먼 학문들은 동일하게 치유할 방법이 없는 루게릭병Lou Gehrig's disease을 앓게 될 것이다. 그러나 인문학을 현실적으로 완전히 말살할 수는 없다. 자본이 야수성을 완전히 드러낼 경우, 오히려 '인간의 행복에 기여하는' 자본의 이미지를 해치기 때문이다(광고는 언제나 미소 짓는 자본의 모습을 보여준다는 것을 상상해보라). 자본-국가는 대학에서 인문학을 축출하면서 한편으로는 인문학을 관리한다. 그 관리는 흔히 '지원'이라고 말로 통용된다. 인문학은 이제 국가의 '관리'하에서만 살아남 수 있는 것이다. 자본의 부탁을 받은 국가는 관리 기구를 작동시킨다. 교육부는 국가권력을 수단으로 교육과 대학에 강제하는 기관이고, 학진(한국학

술진흥재단, 요즘의 한국연구재단)은 '지원'을 통해 학문을 관리, 통제하는 기관이다. 실로 부끄러울 정도의 적은 예산으로 인문학은 훌륭히 관리, 통제될 수 있다. 학진의 연구비 규모가 팽창하면서부터, 대한민국 대학의 인문학은 '위기'를 맞았으니, 이후 인문학은 학진의 사업에 목을 매기 시작했다(추측이지만, '인문학의 위기'론이 발생한 시점과 학진의 '돈'이 지원되기 시작한 시점 사이에는 모종의 관계가 있을 터이다). 학진은 궁극적으로 자본에서 나온 돈을 미끼로 인문학을 지원하는 동시에 관리하기 시작한 것이다.

자본주의하에서 돈은 곧 권력이다. 학진의 지원은 곧 사실상의 국가 기관이 인문학을 지배하는 방법이다. 이미 자본의 지배를 받아 이윤의 재생산을 절대 가치로 삼고 있는 대학은 인문학 역시 학진의 돈(아니, 그 거룩한 이름은 연구비!)을 받을 것을 종용한다. 수령액이 많을수록 대학의 평가는 상승하기 때문에, 대학은 연구비 확보에 광적인 상태에 돌입한 지 오래다. 따라서 태생적으로 자본에 대해 가장 비판적인 입장에 있는 인문학에서도 예상하지 못했던 현상이 족출한다.

연구비를 미끼로 인문학을 지배하는 학진은, 학문 행위에서의 '합리화'를 요구한다. 재단은 자신이 만든 기준을 통과하는 학술지를 '등재지'라고 불렀다. 곧 학진에 등록된 논문집이란 뜻이다. 재단이 등재지를 만드는 순간, 등재지가 아닌 학술지는 모두 식물인간화하였다. 대학이 등재지에 실린 논문만 연구 업적으로 인정하기 때문이다. 대학과 학문은 너무나도 간단하게 학진의 통제 속으로 들어갔다. 모든 논문집은 등재지가 되기 위해 질주했고, 이내 등재지가 넘쳐나게 되었다. 예를 들어 국문학계와 한문학계는 모두 등재지, 등재 후보지가 되었다. 모든 논문집이 등재지가 되자, 우스꽝스럽게도 학회와 논문집의 우열이 사라졌다. 과거에는 학회와 논문집 사이에 자연스럽게 등급이 형성되어 있었다. 수준 높은 논문과 수준 낮은 논문이 갈 곳이 따로 있었던 것이다. 하지만 학진의 지원이 시작되는 순간, 그 자연스러운 등급이 사라진 것이다. 그뿐인가. 학진은 지원을 구실로 하여 학술대회의 형태, 참여인원수, 논문의 심사 과정, 학술지의 형태, 편집위원의 구성 등 '모든 것'을 사실상 간섭한다. 솔직히 말하자. 인문학자는 논문집을 발행하고 학회를 개최할 푼돈을 구걸하기 위해 자신의 존엄과 자유를 팔아먹은 ×××가 되었다. 생각해보라. 왜 민간의 학회를 국가 기관이 관리하는가. 왜 나의 연구와 나의 논문을 국가가 관리, 간섭하는가. 왜 우리는 학진의 간섭과 통제를 자동적, 무비판적으로 수용하는가.

더욱 심각한 것은 연구 내용까지 관리된다는 사실이다. 연구계획서는 돈-연구비를 얻기 위한 것이기에 오로지 돈을 얻기 위한 목적으로 작성된다. 해마다 학진에 연구비를 신청하는 계절이 돌아오면, 연구보다 연구 계획서의 작성에 더 많은 에너지를 쏟는 기이한 현상이 일어나도 이제 아무도 기이하게 생각지 않는다. 보다 많은 연구비를 따낼 수 있는 연구, 그리고 보다 수월하게 연구비를 따낼 수 있는 주제에 연구자가 몰릴 것은 당연한 일이다. 연구 주제가 변질되기 시작한 것이다. 연구사硏究史의 내재적 필요에 의해서 연구 주제를 설정하는 것이 아니라, 연구비를 받기 위해 연구 주제를 정하는 것을 나는 허다히 목도한 바 있다. 비유컨대 진리를 깨치기 위해 출가하는 것이 아니라, 오로지 주지가 되기 위해 출가하는 스님들이 속출하는 것이다.

그 결과, 연구보다는 연구비 신청서가 더욱 화려해지고 두툼해지고 정교해지는 이상한 현상이 다반사로 발생하지만 아무도 이상하게 여기지 않는다(못 믿겠거든 연구 결과가 발간된 책자를 연구비 신청서와 비교해보시라!). 논문은 불과 10페이지에 불과하지만, 연구비 신청서와 연구비 집행 보고서는 1백 페이지를 넘기도 한다. 연구 자체의 의미를 두는 것이 아니라, 돈을 얻기 위해 연구 목적을 분칠하는 것이 보편화되었다. 인문학의 연구 논문에 '연구 결과의 활용 방안'이란 항목이 왜 있다는 말인가? 정약용丁若鏞(1762~1836)의 《논어고금주論語古今註》를 연구한 논문이 무슨 현실적 활용 방안이 있다는 말인가? 그 엄청난, 무의미한 관료적 발상에서 나온 항목들을 수치심을 눌러가면서 메워 넣는 행위의 이면에는 오로지 돈을 향한 욕망이 있을 뿐이다.

하지만 이것은 문제의 본질이 아니다. 또 다른 핵심이 있다. 곧 연구 주제가 '검열'된다는 것이다. 그 검열은 일반적으로 '심사'란 어휘로 대체된다. 검열은, 연구의 주제가 결과적으로 자본과 국가, 테크놀로지를 비판하지 않거나 적어도 매우 약화된 형태가 되기를 원한다. 예컨대 자본의 증식과 테크놀로지, 내셔널리즘을 만족시키는 '콘텐츠'를 개발하기 위한 연구가 쉽사리 채택되는 것과 비교해 보라. 학진의 인문학 지배하에서 나는 나의 학문적 화두를 풀기 위해 연구하는 것이 아니라, 돈을 위해서 연구한다. 이럴진대 과연 자본을 비판할 수 있을 것인가. 요컨대 지원은 사실상 간섭이 되고 연구의 내용까지 검열하여 결정하는 것이다. 지금 나의 말이 과격하다고? 지금 자신은 그렇지 않다고? 아마 그럴지도 모른다. 하지만 방향은 이미 정해졌고, 앞으로 그런 현상은 점점 강화될 것이다.

연구비를 신청하지 않으면 그만이라고? 과연 그럴 수 있을까! 이제 나는 받은 연구비를 토해내는 치욕을 면하기 위해 논문을 쓴다. 대학에 자리 잡지 못한 젊은 연구자들은, 생존을 위해 자신의 노동력을 프로젝트에 팔아, 거기서 연구력을 소진시킨다. 그것은 거대한 암괴嚴塊 위에서 돌을 깨어서 하루의 일당을 버는 파키스탄의 어린 노동자, 커피 농장에서 온종일 커피 열매를 훑는 콜롬비아의 여성 노동자와 다를 바 없다. 자본주의적 노동에서 노동자가 자신의 노동에서 소외되듯 그는 자신의 연구물에서 소외된다. 어떤 사람들은, 대학에 자리를 잡지 못한 젊은 연구자들이, 학진의 연구비 때문에 생명을 부지할 수 있게 되었다고 말한다. 정신이 나갔는가. 학진의 지원금을 향한 경쟁은 언제나 연구자들의 신분을 불안하게 만든다. 한 프로젝트가 끝나면 그들은 갈 곳이 없다. 바로 그것이 학진이 대행하는 국가와 자본의 의도다. 항상 불안한 감시를 받고 안절부절못하게 만들어 자신들에게 복종하게 하는 것이 그들의 목표다. 간혹 학진의 지원이 대학에 자리 잡지 못하고 있는 연구자들을 지원하는 은혜로운 시스템이라 말하는 사람들을 종종 본다. 과연 그럴까. 국가가 그렇게 은혜롭다면, 현재 한국 대학의 존립 근거인, 시간강사의 착취 문제에는 왜 그리 태연한가.

이것만이 아니다. 눈에 보이지 않는 파괴적 효과도 있다. '지원'은 학문적 주제를 위해 모이던 자율적 학문공동체를 소리 없이 파괴하고 있는 중이다. 돈을 주지 않으면 아무도 움직이지 않게 된 것이다. 점차 자발적 연구는 사라지고, 돈을 위한 프로젝트에 골몰한다. 연구 주제가 사람을 불러 모으는 것이 아니라, 프로젝트가 사람을 불러 모은다. 그 프로젝트를 묶는 접착력은 돈이다. 돈을 주지 않으면 프로젝트에 모이지 않는다. 이제 돈이 연구를 지배하게 된 것이다. 부수적인 이야기지만, 학진이 해마다 뭔가 좋은 일을 한다고 오물이 묻은 떡을 던지면, 전국 대학 연구소가 이전투구를 벌이며 별별 희비극이 다 벌어진다. 인간관계까지 뒤틀어진다. 아니 홉스Hobbes적인 인간의 본성을 드러내고 만다. 이게 거룩한 '인문학' 연구에 매진하던 교수님들의 모습인가.

학진이 인문학을 지배한 이래, 대학은 개개 연구자들의 연구비 수주 실적을 계산하고, 모든 업적을 논문의 편수로 계량화한다. 얼마나 합리적인 시스템인가. 과연 그럴까. 오웰George Orwell(1903~1950)의 '1984년'은 이미 도래했다! 우리는 이미 관리의 대상이 된 것이다. 지원이란 미명은 사실상 관리이며, 간섭이며, 지배이며, 통치이다. 그리고 노예화다. 우리는 해마다 바뀌는 주인-학진의 정책과 연구비 규모에 일희일비하는 노예가 된 것이다. 학진의 배후는 당연히 국가이며, 국가의 배후는 자본이다. 자본주의 국가, 곧 현대의 모든 국가는 자본의 대리인이며, 사회적 총자본의 증식을 위해 기능할 뿐이다. 대학에 이 사태를 멈추라고 하는 것은 그야말로 우매한 소리다. 자본의 작동방식을 모르는 소치다. 대학의 총장과 보직자들, 그리고 대학의 관료적 기구는 자본의 말단적 대리인이기 때문에 그들 역시 자본의 논리에 중독되어 있다. 들을 리가 없다.

5 머리 숙인 인문학, 관학

학진의 합리성은, 곧 자본의 이윤을 위한 합리성에서 산출된 것이다. 자본의 대리인인 대학은 자연스럽게 합리성을 명목으로 하여, 연구에서의 관료적 시스템을 강화한다. 관료적 시스템의 총아는 대학 내부의 산학협력단產學協力團이다. 모든 연구비 관리는 산학협력단으로 일원화되었다. 누구나 경험하겠지만, 연구비를 집행하는 과정에서 산학협력단의 관료적 통제는 끔찍할 정도가 되었다. 연구비의 정산 시스템이 얼마나 복잡하며, 거기서 생겨나는 잡음은 또 얼마나 많은가. 이 관료적 시스템은 인간에 대한 불신감 위에서 구축된 것이다. 연구비를 횡령한 소수의 악惡사례를 들고, 그것이 마치 보편적 현상인 것처럼 생각하기에 관리시스템은 점점 더 복잡해지고 야박해진다. 연구자들의 자율적인 능력을 불신하면서 모든 것을 관료적 합리성으로 통제하려 한다. 연구자들은 오로지 구획되고 관리될 뿐이다. 이것은 자본이 작동하는 일반적 원리다. 자본주의가 본격적으로 작동하고부터 모든 중세적 관계가 끝장났던 것처럼, 인간 간의 신뢰 따위는 시스템에 들어올 수 없다. 가련한 인문학 연구자들은, 이 사태를 그저 감내해야 할 뿐이다.

이제 자문해보자. 국가 기관이 돈을 무기로 관리하고 통제하는 대학의 인문학이 인문학일 수 있는가. 나는 대학 내부의 인문학은 이미 그 속성이 변질되고 있다고 생각한다. 나는 오직 국가가 던지는 연구비를 열망하면서 감격하는, 혹은 정당화하는 인문학을 인문학이라 부르지 않는다. 그것은 '관학官學'이다. 학진과 여타 국가 기관의 연구비에 목을 매는 인문학은 사실상 벌써 관학이 된 것이다. 인문학자들은 '관변官邊학자' 혹은 '관학자'라는 지목에 펄쩍 뛰며 명예를 훼손당했다고 분노하겠지만, 그럼 그것이 아니면 무엇인가. 나는 조선 건국 때의 새로운 사회에 대한 상상력이었던 성리학性理學이 17세기 이후 급속도로 관학화官學化하여 마침내 인간을 질식시키는 학문이 되었음을 익히 알고 있다. 국가권력과 자본이 자신을 순치시키고 관리하고 통제하고 지배하고 노예화하는 것을 모르는 인문학이 과연 인문학인가. 아니, 스스로 그런 책동에 맞장구를 치면서 그것이 인문학의 살길인 것처럼 강변하는 사람들도 주변에 적지 않으니, 실로 한심할 따름이다.

6 연구비의 저주

인문학에 지원하는 연구비, 곧 돈은, 아니 투입된 비용은 그에 상응하는 양적 생산을 요구한다. 질적 생산이 아니다. 이제 대학 내에서의 인문학은 오로지 연구비의 쟁취와 외적인 활동의 수치로 평가될 뿐이다. 화폐가 모든 것을 평가하는 유일한 기준이 된 것처럼 나의 논문, 나의 저서는 내가 소속한 대학의 평가를 올리기 위한 숫자에 불과한 것이 되었다. 학진은, 대학은, 사회는, 그것이 얼마나 진지한 연구인지를 묻지 않는다. 그것이 각고의 노력의 결과인지 아닌지, 쓰레기인지 아닌지는 묻지 않는다. 오직 등재지에 실리는가, 아닌가로 기억될 뿐이다. 그뿐인가. 모든 상품이 화폐로 환원되듯이, 인간의 가치가 그가 보유하고 있는 화폐량에 의해 결정되는 것처럼, 논문의 가치는 그 논문을 위해 수주한 연구비의 규모에 따라 환산된다. 연구는 그 내용, 즉 사용가치가 아니라 오로지 교환가치로만 평가된다. 한 인문학 연구자 개인의 연구의 내용이 어떠한가를 평가하는 것이 아니라, 등재지에 몇 편이 실렸는가를 통해, 곧 숫자와 화폐의 규모로 평가된다.

생각해보시라. 우리가 얼마나 변질되었는지, 얼마나 타락했는지. 우리의 일상에서의 대화가 얼마나 처참해졌는지. 학문의 내용은 사라지고, 오로지 연구비나 학진이 대화와 화제의 중심이 되었고, 또 이따금 어떤 연구자가 거창한 연구비를 수주했다(거창한 연구가 아니라)는 것이 부러움의 대상이 되었다. 이제 수치감도 버린 지 오래다.

연구비를 거부할 수도 있을 것이다. 하지만 사실상 그 선택조차 제한되어 있다. 자본주의 사회에서 노동하지 않을 자유는 있지만, 노동하지 않을 경우 굶어죽는 선택지밖에 없듯이 말이다(물론 노숙자가 있기는 하다). 대학에서 연구비 수주 실적은 연구자를 평가하는 중요한 항목이며, 나아가 대학을 평가하는 중요한 항목이다. 따라서 연구비 수주의 규모에 따라 연구자의 위상과 권력이 비례하여 증가한다. 연구보다 연구비의 획득에 골몰하는 연구자가 생긴다. 대학 당국도 물론 열심이다. 대학의 평가등급 올리기를 위한다는 명분으로 연구비 신청을 독려하고, 논문 생산을 강요하는 제도가 만들어진다. 그 가혹한 제도가 약자인 신임 교수, 젊은 연구자들의 목을 죄어도 나의 일이 아니기에 모두 침묵할 뿐이다. 학문의 자유를 원천적으로 억압하는 것일지라도 '연구의 생산성'이란 미명하에 그 억압에 대해서 침묵한다. 아니 도리어 억압이 강화되어야 한다고 궤변을 늘어놓고, 억압을 더 강화하기 위한 장치-학내 관직을 얻기 위해 분투(?)하는 인간들도 적지 않다.

그런 고로 연구비를 받지 않은 연구자는 객관적으로 허접한 교수로 평가된다. 대학의 평가를 저해하여 '위대한' 부산대학을 낙후하게 만드는 인간이 되는 것이다. 해마다 봄이 되어 유혹의 계절이 오면 자신도 모르게 성감대가 부풀어 올라, 짝의 성기-연구비를 찾아 길을 나선다. 간혹 뭔가 이상한 느낌이 설핏 들기는 하지만, 당장의 연구비 신청이 그를 유혹하기에 자신의 행위와 그 행위를 둘러싼 컨텍스트를 메타적으로 사유할 수가 없다. 이런 현상의 결과로서 독립적이고 자율적인 연구자는 사라지고, 오로지 논문의 숫자와 연구비에 골몰하는 연구자가 증산된다. 그들은 오로지 논문의 편수를 늘리는 데 집중한다. 학문적 화두를 풀기 위해 내 연구의 현 단계에 대한 자문自問은 사라지고, 나의 대뇌를 지배하는 것은, "나는 올해 논문을 몇 편 썼어"라는 센텐스다. 연구비를 받을 수 없거나, 업적용 수치로 환산되지 않는 연구는 '적극' 회피한다. 이것이 최근 우리 대학에서 일어난 일이다. 아니 그런가. 더 웃기는 것은 학진의 연구비를 받기 위해 연구비 신청서를 쓰면서 연구의 필요성과 중요성을 온갖 미사여구를 동원해 주장하였으나, 불행하게도 탈락한 경우, 그 연구의 필요성과 중요성은 한순간에 증발한다는 것이다. 생각해보라. 그렇게 중요한 연구라면 연구비를 받지 않고도 해야 할 것이 아닌가. 그런데 연구비를 받지 않으면 그런 연구 주제가 언제 있었냐는 듯이 왜 연구를 포기하는가?

가증스러운 일은, 이런 연구비의 저주를 당연시하면서, 연구비로 연구를 통제하고 연구자를 노예화하는 외적 강제를 열렬히 찬양하는 주구走狗도 생겨난다는 것이다. 풀어서 말하자면, 자본의 논리를 찬양하고 국가의 학문 관리, 지배를 열렬히 수용하는 인문학자도 속속 출현 중인 것이다. 그는 자본의 논리에 의식화되어 자본의 증식을 지고의 가치관으로 삼는다. 내셔널리즘에 완전히 동화되었기 때문에, 국가를 그의 부모로 생각하여 국가의 명령을 진리로 수용하고, 거부할 수 없다고 생각한다. 그들의 사유에는 국가를 객관화하여 인식 대상으로 삼는 사유가 들어갈 틈이 없다. 그런가 하면, 테크놀로지의 발달, 그리고 테크놀로지를 응용한 상품 소비의 증가를 인간의 해방, 인류의 진보인 양 찬양하는 인문학자의 존재도 결코 드문 사례가 아니다. 이들은 인문학을 하지만, 격리된 전공의 칸막이 속에서 좁은 하늘의 '삼각형 별자리'만이 천구天球의 전체인 것으로 생각한다.

국가가 집행하는 연구비로, 연구비의 증액으로 인문학이 소외되지 않고 부흥할 거라는 말은 기만일 뿐이다. 국가가 집행하는 연구비는 자유가 아니라 저주다. 부디 착각에서 깨어나시라.

7 콘텐츠론의 허구성

어떤 인문학자들은 인문학의 위기를 개탄한다. 하지만 인문학의 위기는 서울의 대학에서 말해야만 위기다. 알 만한 대학들이다. 대학 앞에 '군소' 혹은 '지방'이란 수식어가 붙으면 위기란 목소리는 전혀 밖으로 들리지 않는다. 인문학의 위기를 말하는 그분들이 왜 서울과 지방의 이분화, 곧 인간에 대한 근원적 차별에 대해서는 침묵하는지 알 길이 없다. 말이 약간 옆으로 샜다. 다시 돌아가자.

서울과 지방의 차이는 자본의 밀도가 결정한다. '지방' 대학이 열심히 한다고 1등이 될 수 있는 것은 결코 아니다. 자본의 밀도는 자본의 이윤 논리에 의해 결정되기 때문에, 서울과 지방의 경쟁은 사실상 무의미한 것이다. 경쟁은 차별을 구조화하는, 누구도 쉽게 부인할 수 없는 합리적 구실이다. 대학 문제에 관한 한 경쟁이란 어휘는 사실상 자본의 밀도가 높은 곳이 밀도가 낮은 곳에 대한 차별을 합리화할 때 쓰는 말일 뿐이다. 따라서 국가와 서울에서 대학 간의 '경쟁'을 주문할 때 그것은 서울 소재 대학의 독점을 합리화하는 말 외에는 아무 것도 아니다.

인문학 위기론은 특정한 세력(구체적으로 말하자면 소수의 기득권을 보유한 인문학자), 혹은 대학이 국가-정부로부터 돈을 우려내는 것이 그 목적이다. 인문학의 위기를 말하면, 국가는 별 관심도 없으면서(사실 귀찮아한다) 체면치레로 현금을 건넨다. 인문학을 모르는 무식한 국가의 이미지가 형성되는 게 싫어서일 것이다. 그리하여 서울의 몇몇 영악한 대학과 연구소는 자본의 생리를 최대한 발휘하여, 연구비를 독식한다. 그들은 상호 간 돈의 분배가 부당하다는 것을 비판할지는 몰라도 돈으로 인문학을 통제하는 것을 비판하지는 않는다. 웃기는 일이다. 이들 대학은 대부분 서울에 있다. 이들은 인문학의 위기를 말하지만, 그들이 하는 행태는 인문학을 위기로 몰아넣은 자본의 행태와 동일하다. 즉 소수 대학에 연구비가 몰리는 것은, 자본의 집중과 동일한 현상이 아닌가. 이제 대학의 인문학은 자신의 위기를 포장하여 팔아먹는 처참한 타락에 이르렀다. 인문학을 소외시키는 국가—자본에 징징대며 하소연을 늘어놓으며 불쌍히 보여 돈을 받아서 인문학을 육성시킨다는 것은 코미디에 지나지 않는다. 하긴 그들은 연구가 아닌, '프로젝트'를 할 뿐이니 상관이 없을 것이다. 그들은 자본이 인문학을 소외시킨다고 간혹 말하지만, 그들이 돈—연구비를 독점하는 행태는 대기업이 중소기업과 소상인을 집어삼키는 행태와 동일하다.

    인문학의 위기를 돌파하기 위해, 인문학의 콘텐츠화가 인문학이 살 수 있는 유일한 길이라는 말도 들린다. 인문학의 콘텐츠화란 인문학의 비판적 기능을 박탈하고, 산업화할 수 있는 상품을 생산하라는 자본의 요구다. '문화콘텐츠'는 바로 인문학에서 짜낸 이윤을 낳을 상품 외에 다른 것이 아니다. 즉 문화콘텐츠론은 인문학의 비판성을 배반하고, 그것이 상품의 원료가 될 것에 대한 요구다. 이 외에는 의미가 없다. 현재 인문학 콘텐츠는 연구비란 형태로 국가가 구매하여 자본에 공여한다. 아직 자본이 직접 구매자로 나서는 경우는 드물다. 현재 콘텐츠의 유일한 구매자는 국가이기 때문에 국가는 상품의 내용을 지시한다. 인문학자는 이제 하청공장의 품팔이 노동자가 된 것이다. 콘텐츠화를 연구하기 위한 연구비를 얻고자 우리는 그 요구를 받아들인다. 대학에 콘텐츠학과가 생기고, 문화콘텐츠란 말이 보편화되었다. 콘텐츠화는 앞서 잠시 언급했듯, 인문학의 상품화다. 그것은 인문학이 자본주의적 상품관계 속으로 포섭되는 것을 말한다. 콘텐츠화를 소리 높여 외치는 인문학자는 이제 자신이 발 딛고 있는 존재의 바탕이 백화점에 진열되어 소비되기를 바라고 있는 셈이다. 주지하다시피, 자본주의는 소비이고, 소비는 쓰레기를 양산하는 과정이다. 대학의 인문학은 이제 자본의 주문을 받아 스스로 쓰레기가 될 준비를 하고 있는 참이다.

콘텐츠의 내용은 실로 처참하다. 자본은 홀로 존재하는 것이 아니라, 상술한 바와 같이 자본-국가로 존재하기 때문에 내셔널리즘의 충족을 동시에 요구한다. 아무리 비상식적인 것이라 하더라도 내셔널리즘을 충족시키면 대환영이다. 예컨대 고구려란 국가와 사회의 성격이 어떠한 것이든, 보다 넓은 판도를 차지했다는 것만 입증한다면, 용인된다. 근대 영토국가의 개념으로 고대국가의 영토 크기를 논한다는 것이 얼마나 허망한 일인가. 그 허망함에 따르는 어떤 비판도 소용이 닿지 않는다. 하여, 내셔널리즘은 제국주의적 욕망을 은밀히 깔면서 이를 반긴다. 민족의 우월성을 입증하는 것이면 모두 환영이다(한류韓流에 열광한 것을 생각해보라). 이런 콘텐츠화는 동시에 테크놀로지와 결합한다. 당연히 디지털화한 콘텐츠만이 콘텐츠화한 것이라고 정의될 것이다. 요컨대 문화를 상품으로 소비하게 하는 것, 그것에 인문학이 동원될 것을 요구하는 게 콘텐츠화다. 콘텐츠화는 인문학이 인간다움과 삶의 가치를 고민해야 하는 자기 본연의 목적을 포기하게 유도한다. 예컨대 내셔널리즘이 사회적 불평등을 망각게 하는 판타지임을 지적하는 것은, 인문학의 소명이 아닌 것이다.

  인문학 위기론하에 있는 대학의 인문학은 자본-국가, 국가-내셔널리즘, 자본-테크놀로지, 국가-테크놀로지란 자본-국가-테크놀로지가 빚어내는 관계에 대해서는 완강하게 침묵한다. 대학의 인문학은 콘텐츠화에 대한 요구가 어떤 의도를 담고 있는지 반성하지 않고, 오로지 자신의 학문에 콘텐츠화할 것이 있는가를 먼저 살필 뿐이다. 어쩌다 이 지경이 되었는가.

8 상실의 20년, 자발적 노예가 된 인문학

1987년 6월 민주항쟁으로 국민은 자유(절차적 민주주의)를 얻었다. 하지만 자유를 얻은 것은, 국민들만이 아니다. 독재정권의 비호를 받아 성장한 자본 역시 자신의 보호자를 죽이고, '자유'를 얻었다 (전형적 아비 살해!). 이후 한국의 자본주의는 제법 덩치를 키워 과거 20세기 초 제국주의의 흉내를 내는 새끼 제국주의가 되었다. 한국 사회에서 사용되고 있는 세계화란 명사는, 이제 한국 자본이 동남아시아 등 후진 자본주의에 대해 본격적으로 제국주의의 행세를 하겠다는 선언의 뜻을 갖는다. 못 믿겠거든, 한국 자본이 투자된 국가의 노동자와 한국 내의 외국인 노동자에 대해 하는 짓거리를 한번 떠올려보라.

오늘날 인문학이 당면한 문제는, 바로 아비까지 죽인, 덩치 커진 자본이 능숙하게 구가하는 그의 '자유'에서 비롯된 것이다. 앞서 말한 바와 같이 과거 국가권력을 군사독재가 농단했다면, 이제 자본이 국가의 권력을 장악하고 있다. 손쉬운 예로, 수많은 반대의 목소리에도 불구하고 미국과 맺은 'FTA Free Trade Agreement(자유무역협정)'가 있다. 이 협정은 바로 한국 자본이 이윤율이 높지 않은 사업 분야를 정리한 것이라 보면 된다. 협정은, 자본의 의도와 욕망을 국가란 기구가 대리하여 처리하는 것일 뿐이다. 갑자기 이야기가 다른 곳으로 튀어서 미안하지만, 대학의 구성원들에게 '경쟁'이 강요된 것도 자본의 요구 외에 다른 것이 아니다. 다만 그 요구는 국가 기구-교육부를 통해서 집행되었을 뿐이다. 인문학의 위기, 소외 역시 자본의 요구에 따른 것이다.

자본은 인문학의 유용성을 묻는다. 그것은 인문학으로 돈을 벌 수 있느냐는 질문이다. 다른 말로 하자면, 이윤을 낳을 수 있는가 하는 질문이며, 좀 더 거룩하게 말하자면, 자본의 증식에 기여할 수 있느냐는 질문이다. 어떤가, 후자로 갈수록 뭔가 '학문적'으로 들리지 않는가. 앞서 말한 인문학의 콘텐츠화란 바로 궁지에 몰린 인문학이 그 질문에 대해 내놓은 궁색한 답변이다. 과연 인문학은 돈을 벌 수 있는가.

아니, 인문학은 무용한 것이다. 무용성이야말로 인문학의 본령이다. 인문학은 존재론적 문제이거나 윤리론적 물음이다. 따라서 인문학에 유용성을 묻는 것에 대해 답할 필요가 없다. 나 역시 돈이 된다고 답할 필요가 없다. 그것은 자본의 의도에 말려드는 것이다.

그 물음의 답을 거부하고, 오히려 그 질문의 의도를 되물어야 할 것이다. 말하자면, 인문학의 유용성을 추궁하는 자본의 질문은 정당한 것인가? 성장론자들이 힘주어 말하는 데서 간취할 수 있듯, 자본의 약속은 '풍요한 소비'로 압축된다. 그러나 그 풍요는 성장을 통해서만 가능하고, 그 성장은 차별적 사회관계를 전제해야만 성립한다는 데 문제가 있다. 그리고 최종적으로는 단 하나의 결론, '지구'란 한정된 자원의 무한한 소비로 귀착될 것이다. 그것이 최후의 단계다. 이것이 우리가 진정 바란 것은 아닐 터이다. 그러니 자본이 인문학에 던지는 질문에 '예스, 노'로 대답할 필요가 없고, 다시 그 물음의 정당성을 캐물어야 할 것이다.

현재 자본의 논리는 대학을 본격적으로 접수하고 있다. 최후의 보루인 인문학까지 접근했다. 대학의 자본주의화는 곧 대학의 발전과 등치된다. 최근 부산대학에 발생한 일련의 사건들, 효원 굿플러스와 발전기금을 둘러싼 이런저런 논란은 그 훌륭한 상징물이다. 하기야 러다이트 운동Luddite Movement(기계파괴운동)이 실패했듯 대학에 자본의 논리와 테크놀로지, 국가의 간섭을 배제하라고 무작정 주문하는 것 또한 말도 되지 않는다. 다만 그것들과의 관계는, 신중한 선택의 결과여야 하고, 또 통제할 수 있어야 할 것이다. 하지만 작금의 상황은 어떤가. 대학이 스스로 통제의 대상이 되고, 앞장서서 나팔을 부는 격이니, 이건 자발적 노예화와 다르지 않다. 세상에! 스스로 노예가 되고 싶어 하는 집단도 있는가.

9 진정한 인문학은 수공업이다

1995년 3월 16일 인문학담론모임이 탄생했다. 알려졌다시피, 담론모임은 조직을 갖지 않는다. 연구소처럼 특정한 공간도 없다. 어떤 교수님은 공간이 없음을 한탄했지만, 꼭 한탄할 일만도 아니다. 조직을 유지하려면 권력과 돈이 필요하고, 공간이 있으면 관리가 필요한 법 아니던가. 그것들은 모두 사람을 옭아매는 장치다. 어쨌거나 그런 무조직으로 우리는 2007년까지 12년 반 동안 한 차례도 거르지 않고 1백 회의 발표 모임을 가졌다. 십진법이라는 것도 인위人爲의 산물이니 무슨 의미가 있겠는가마는, 시속時俗의 관례도 존중하지 않을 수 없는 법. 1백 회를 휴지休止 없이 자발적으로 끌고온 것은 스스로 생각하기에도 대견한 일이다. 한데, 그 기념할 만한 1백 회를 끝으로 인문학담론모임은 끝을 맺는다. 하기야 조직이고 뭣이고 없었으니, 해산할 것도 없고, 끝낼 구체적인 그 무엇도 없지만, 그동안 비교적 높은 참여도를 가진 사람들이 다음번 담론모임을 기획하지 않기로 했으니, 사실상 끝인 셈이다(물론 아쉽게 생각하는 분들이 있으면, 계속하시면 된다!)

거창한 명분을 내세운 것은 물론 아니었지만, 인문학담론모임의 탄생 이면에는 (아마도 추측건대) 국가와 대학이 내건 '개혁'이란 구실, 아니면 허울 좋은 '세계화'란 미명으로 자본이 가해오는 압박을 피할 공간을 만들어보려는 의도가 작용하지 않았을까? 다른 사람은 몰라도 나의 개인적 생각으로는 그랬다. 연구비로 회유하는 (아니 강요하는) 연구와, 관료적 시스템의 지배, 그리고 계량화의 저주에서 벗어난 공간이 확장되었으면 하였다(그 의도는 다른 사람들에게 좋게 비치기도 하였다. 얼마 전 다른 몇몇 대학에서 나에게 인문학담론모임의 운영(?)에 대해서 문의해온 적이 있다. 퍽 부러워하면서). 그리고 나는 이 공간이 새끼를 치기를 바랐다. 한데, 뜬금없이도 무슨 권력이랄 것도 없는 이 모임에 온갖 정치적 해석이 가해지고, 악의적 유언비어가 난무하였던 것도 어김없는 사실이다. 이 작은 자율적 소통의 공간조차도 마땅찮아 하는 것이, 언필칭 '지성의 전당'인 대학의 수준이다.

인문학담론모임이 버텨온 10년이 조금 넘는 세월 동안 인문학의 지형은 완전히 바뀌었다. 적어도 8년 전 BK21■에는 대학 구성원들이 저항의 목소리를 공유했지만, 이제 저항의 목소리는 아주 들을 수 없고, 얼마나 많은 과제에 '당첨'되었는가를 자랑스럽게 말한다. 인문학의 위기를 오로지 국가로부터 돈을 얻어내어 해결하려는 모순적, 비렁뱅이 근성만 깊이 박혔다. 아무도 이 모순에 대해 말하지 않는다. 도도한 침묵이 흐를 뿐이다. 레이첼 카슨Rachel Louise Carson(1907~1964)은 종달새의 지저귐이 사라진 침묵하는 봄을 말했다. 이제는 종달새가 침묵하는 것이 아니라, 인간이 침묵한다. 대학은 공장이 되었고, 첨단 테크놀로지로 관리되는 이 공장에는 인간의 침묵, 인문학자의 침묵이 흐르고 있다. 산업자본이 성립하자 독립 장인들이 모두 설 곳을 잃고 산업노동자로 편입되었듯, 분업의 체제에서 노동이 소외되듯, 우리는 전공의 격자 속에서 연구에서 소외될 것이다. 양계장, 곧 닭공장의 자랑스러운 일원이 될 것이다. 그리고 4년마다 한 번씩 양계장을 관리할 미스터 나폴레옹Napoléon을 뽑는 줄에 늘어설 것이다.

인문학은 위기인가, 아닌가 하는 물음 자체가 잘못된 물음이다. 인간이 존재하는 한, 인간의 문화가 존재하는 한 인문학은 사라지지 않는다. 쇠퇴한다면 그것은 제도권 내의 길든 인문학이며, 돈

■ 'Brain Korea 21'의 약칭. 1999년 교육부가 대학원생을 지원하여 경쟁력 있는 대학원을 육성하겠다는 목적으로 만든 프로그램이다. 하지만 이 프로그램은 서울의 소수 대학에 지원이 쏠릴 수밖에 없도록 설계되어 있어 비서울권 대학의 격심한 반발을 초래했고, 결국 비서울권 대학에도 기회를 주게 되었다. 하지만 2단계에 걸친 BK21이 무슨 성과를 거두었는지는 의심스럽기 짝이 없다.

과 권력을 따라 움직이는 대학의 인문학일 뿐이다. 인문학은 자본과 국가, 그리고 테크놀로지로부터 독립적 자세를 취해야 할 것이다. 도와주지 않으면 망한다면서 징징 울며, 인문학을 소외시킨 원흉인 국가와 자본의 치마꼬리를 쥐고 동전 한 푼의 적선을 원하는 것은, 이미 인문학이 아니다. 마르크스Karl Heinrich Marx(1818~1883)는 궁핍 속에서 엥겔스Friedrich Engels(1820~1895)의 도움으로 《자본론》을 썼고, 다산茶山(본명 정약용)은 강진 유배지에서 '시골' 지식인들로 구성된 학단學團을 구성하여, 《목민심서》와 《경세유표》를 썼다. 다산의 학단을 움직인 것은 무엇이었던가. 학문적 자발성, 인간과 인간의 깊은 신뢰 이외에는 아무것도 아니었다. 고통스럽지만, 가능한 한 학진과 외부 기관을 우습게 알면서 그에 대한 의존도를 최소한 낮추고, 등재지를 경멸하면서 최소한의 논문을 내고, 어떻게 하든지 대학의 행정적 간섭에서 최대한 벗어나는 것, 그리하여 그들의 권력과 지배로부터 가능한 한 멀리 탈출할 것! 대학 내부에 연구비를 접착제로 하여 묶이는 팀이 아니라, 연구자 개인의 자발성에 입각한, 자율적으로 작동하는 팀을 조직하는 것, 인간과 사회에 대한 인문학의 총체성과 비판성을 회복할 것! 그리하여 다산의 학단처럼 대학 내부에서부터 자본, 국가, 테크놀로지로부터 해방된 공간을 만들고 증식하는 것이야말로 인문학의 유일한 생존로다.

진정한 인문학은 수공업이다. 인문학의 유일한 생존로는 인문학자가 다시 수공업의 장인이 되는 데 있다. 그제야 자동화된, 통제된 공장의 침묵을 걷어내고, 다시 사내들의 노래와 아낙들의 웃음소리를 듣게 될 것이다. 그리고 마당을 뛰어다니는 그들의 건강한 아이들을 보게 될 것이다. 그 단초가 인문학담론모임의 미약한 실험이라고 생각하였던 바, 이제 이것이 막을 내린다. 어떻게 할 것인가. 선택은 각자의 몫이다.

영웅서사시로서의 한국사를 넘어

만들어진 국사의 비극

1 역사는 역사가 아니다

우리가 읽는 역사는 존재했던 '역사'가 아니다. 예컨대 한반도와 그 북쪽 요동반도遼東半島 일대를 주 공간으로 하여 살았던 개인과 사회가 존재했겠지만, 그것은 그것 자체로 서술될 수 없다. 우리에게 남아 있는 것은, 소수의 유물과 파편적 언어(그것도 무한대의 전체 사건에 비한다면 극소라고 할 수 있는) 뿐이다. 유물 역시 언어로 해석될 때 의미를 갖는 것이니, 우리는 전체 사건에 비해 극소수라고 할 수밖에 없는 언어의 파편을 가지고 있을 뿐이다. 파편적 언어는 어떤 사실들을 지시하지만, 그것들은 역사 전체를 드러내는 것이 아니라, 그 역사가 우연히 남긴 편린에 불과하다.

실재했던 역사는 그것이 존재했다는 이유만으로 사료의 발굴 여하에 따라, 연구 방법의 개선에 따라, 차츰 온전한 실체를 드러낼 성질의 것이 결코 아니다. 그것은 존재했겠지만, 우리의 인식능력 저편 너머에 있을 뿐이다. 실체는 알 수 없으며, 우리가 알 수 있는 역사는 기술된 역사뿐이다. 기술된 역사가 아무리 정교하다 해도 우리는 실재했던 역사에 도달할 수 없다. 존재하는 것은 파편적 사료를 근거로 한 허술한 언어 뭉치일 뿐이다.

사료는 전체에서 우연히 떨어져 나온 점이다. 점들은, 곧 천공에 뿌려진 별이다. 우리는 상상력으로 별들을 연결하여 하나의 성좌로 인지한다. 성좌는 실재의 별로 구성되지만, 그 성좌는 실재하는 국자(북두칠성)가 아니라, 다만 우리의 주관적 상상력이 만들어 낸 허구에 불과하다. 우리가 알고 있는 역사 역시 사료라는 점들을 구성하여 만들어낸 성좌일 뿐이다. 그럼에도 우리는 실재했던 역사와 기술된 역사를 동일한 것으로 착각한다. 엄격히 말해 언어로 기술된 역사는, 파편화된 사료를 상상력으로 엮어서 만든 이야기인 것이다.

우리가 진실이라 믿는 한국사 역시 동일하다. 그것은 20세기 내셔널리즘의 필요와 상상력에 의해 만들어진 이야기일 뿐이다. 나는 바로 이 점에 대해 언급하고자 한다. 먼저 1906년에 쓰인 장지연張

志淵(1864~1921)의 〈신정동국역사서新訂東國歷史序〉와 신채호申采浩(1880~1936)의 《조선상고사朝鮮上古史序》 총론의 서두를 읽어두자.

> 대저 역사란 정치의 귀감이고, 문헌의 홍보鴻寶다. 이 때문에 어떤 학문이든지 간에 역사에 통달하지 않으면 담벼락을 마주하고 서 있는 듯하고, 어두운 밤길을 다니는 것 같아, 가는 곳마다 막혀 갈팡질팡하며 본말을 알지 못하게 되니, 이것이 역사가 일반학문 중에서 가장 근본적인 학문이 되는 이유다. 그러나 교육의 과목을 설정할 때 반드시 본국의 역사를 가장 먼저 내세우는 것은 무엇 때문인가. 대개 교육의 종지宗旨는 국민을 계도啓導하는 데 근본을 두고 있기 때문에, 공부를 처음 시작하면 반드시 먼저 본국의 역사를 가르쳐, 조국정신을 불러일으키고, 동족의 감상感想을 북돋우어 애국愛國의 혈성血性을 배양하고, 발전의 뇌력腦力을 공고하게 하는 것이다. 만약 국민이 된 사람이 자기 나라의 역사를 익숙하게 알지 못한다면, 이것은 한 마리 꿈틀거리는 벌레에 불과할 뿐이다. 어떻게 이 경쟁시대에 문명文明한 민족과 그 승부를 겨룰 수 있겠는가?■
>
> ― 장지연, 〈신정동국역사서〉

■ 〈新訂東國歷史序(1906)〉《韋菴文稿》, 國史編纂委員會, 1956, 146면)

역사란 무엇이뇨. 인류사회의 '아我'와 '비아非我'의 투쟁이 시간부터 발전하며 공간부터 확대하는 심적心的 활동의 상태의 기록이니, 세계사라 하면 세계인류의 그리되어온 상태의 기록이며, 조선사朝鮮史라면 조선민족의 그리되어온 상태의 기록이니라. …… 반드시 본위本位인 아가 있으면, 따라서 아와 대치한 비아가 있고, 아의 중에 아와 비아가 있으면 비아 중에도 또 아와 비아가 있어, 그리하여 아에 대한 비아의 접촉이 번극煩劇할수록 비아에 대한 아의 분투奮鬪가 더욱 맹렬하여, 인류사회의 활동이 휴식될 사이가 없으며, 역사의 전도前途가 완결될 날이 없나니, 그러므로 역사는 아와 비아의 투쟁의 기록이니라.■

— 신채호, 《조선상고사》

장지연과 신채호에게 역사는 국민을 만들기 위한 도구다. 위 두 인용문에는 20세기 한국사 서술의 기본 원리가 빠짐없이 실려 있다.

■ 《朝鮮上古史》〈總論〉(《丹齋 申采浩 全集》上, 丹齋申采浩先生記念事業會, 1972, 31면)

2 불확실한 주어, 민족

하나의 센텐스는 주어와 술어로 구성된다. 화자가 말하고자 하는 대상이 주어이고, 그 대상이 수행하는 사유나 행동, 성질을 나타내는 것이 술어다. 주어는 대개 명사에 상응하는 것이고, 술어는 대체로 동사와 형용사가 된다. 역사 역시 하나의 센텐스로 나타낼 수 있다. 예컨대 여성사史의 주어는 '여성'이고, 그 술어는 '억압받는다'라는 동사가 될 수도 있고, '아름답다'라는 형용사가 될 수도 있다.

동일한 방식을 한국사에 적용할 수 있다. 한국사의 주어는 '한국'이다. 하지만 엄밀히 말해 한국, 곧 대한민국은 1948년 이후 성립하였으니, 그것은 결코 1948년 이전으로 소급할 수 없다. 하지만 한국사는 구석기·신석기에서 시작하여 고조선과 삼국, 남북국(신라·발해), 고려, 조선을 거쳐 현재까지를 그 서술 영역으로 삼는다. 아무도 이의를 제기하지 않지만, 시간의 흐름에 따라 국가와 사회, 그리고 인간 개체의 속성이 달라짐을 생각한다면, 이러한 국가들을 같은 집합 속에 넣는 것은 사실 수긍하기 어렵다. 손쉽게 떠올릴 수 있는 의문을 예로 들어보자. 발해는 이의 없이 한국사의 포함되는 것인가? 물론 나는 발해가 중국사도 아니라고 생각한다.

시간의 흐름에 따른 변화를 다루는 학문인 역사학은 변화를 다루되, 변화하지 않는 불변의 요소를 상정할 수밖에 없다. 그 불변의 요소를 주어로 삼아, 불변적 요소가 경험한 변화를 해명하는 것이 역사 연구일 터이다. 한국사에서 그 불변의 요소란, 공간과 시간을 초월한 불변적 인간 집합이다. 국가는 아마도 그 불변적 인간 집합의 특수한 조직 형태일 것이다. 한국사 서술에서 불변적 인간 집합은 당연히 '한민족韓民族'이 된다(이하 '한민족'을 그냥 '민족'이라 부르겠다). 하지만 이것 역시 심각한 문제를 제기한다. 한국사의 첫머리를 놓는 구석기·신석기시대에서 고조선을 거쳐 지금의 대한민국에 이르는 모든 국가와 사회의 구성원은 어떤 동질성을 갖고 있다는 것인가. 유전학적 동질성인가? 유전적 동질성이라면, 다른 어떤 인간 집합과도 구분되는 특수한 유전적 형질을 말한다. 그러나 그런 것이 존재할 수 없음은 자명하다. 그렇다면 문화적 동질성인가? 우리가 경험적으로 알고 있듯, 문화는 이질적 요소들이 끊임없이 뒤섞이는 혼합물로 존재한다. 따라서 한국인만의 문화란 존재하지 않는다. 만약 그런 것이 있다면 부분적으로 존재하며, 그것은 다른 문화권과 다만 다를 뿐인 것이다. 이럴진대 시간과 공간을 초월하는 동일한 유전적 형질과 문화를 보유하는 민족이란 존재하지 않는다.

하지만 경험적으로 우리는 현재의 대한민국이 조선의 연속이며, 조선이 고려의 연속이며, 고려는 신라의 연속이라는 사실을 알고 있다. 나는 그 연속성을 부정하는 것이 아니다. 다만 그 연속성은 동일한 지역에서 살아온 비교적 동일한 인간 집합이 존재해왔다는 사실 그 자체만을 의미할 뿐이다. 문제는 그 연속성에 근거해서 저 구석기·신석기시대부터 지금까지 동질성을 갖는 인간 집합을 상정하고, 그 집합을 시간을 초월하여 생존하는 인격체로 가정한다는 데 있다. 한국인이 '민족'을 마치 인간 개체처럼 의인화하여 생각하는 것은 바로 이 가정에 기인한 것이다. 하지만 그 가정은 엄밀한 반성적 사유에서 나온 것이 아니라, 사실 20세기 이후 민족주의에 의해 우리에게 주입된 것일 뿐이다. 즉 시간을 초월하여 동질성을 갖는 인간 집합이란 발상 자체가 19세기 이전에는 없었다. 그 어떤 역사학자도 '민족'을 인식하지 않았으며, 민족을 주어로 하는 역사를 서술하지 않았다. 가정은 실제가 아니다. 따라서 민족이란 주어의 속성은 가정 위에 있는 것이며 결코 단단하지 않다. 민족을 주어로 하는 역사 서술 역시 20세기에 시작된, 엄청나게 다양한 역사 서술의 한 갈래일 뿐이다.

한민족이란 주어가 불확실한 가정에 위에 있는 것이라면, 한국사는 사실상 서술 불가능하다. 그럼에도 한국사는 끊임없이 쓰이고 있다. 왜인가? '민족'이란 가정에 정당성을 부여하는 권력이 존재하기 때문이다. 곧 현재 국가의 권력, 혹은 국가의 구성을 지향하는 의식의 권력이 한국사의 주어를 민족으로 설정하고 술어를 강제적으로 선택하게 한다. 현재의 대한민국이라는 국가가 한국사의 서술을 강제하며, 20세기 초와 일제 시기에는 국가를 구성하고자 하는 민족주의 의식이 국사에 정당성을 부여했다.

3 술어를 강요하는 '민족' 주어의 권력

역사가 가정에 의해 설정된 주어-민족을 택한다면, 그 서술된 역사, 즉 그 술어는 필연 제한적으로 선택될 것이다. 주어와 술어로 구성되는 문장을 말하는 사람은 화자다. 한국의 역사를 연구하고 기술하는 사람의 대부분은 한국인이다. 즉 민족이란 주어를 말하는 화자는 다름 아닌 민족 자신이 된다. 민족의 구성원이 자기 자신인 '민족'이란 주어를 말하는 순간, 민족이라는 어휘가 갖는 술어의 속성은 결정된다. 즉, 부정적인 어휘로 민족의 속성을 표현할 수는 없다. 민족의 속성은 긍정적인 것이어야 한다. 민족의 속성을 부정적인 어휘로 표현하면, '자학사관'이라 비난받으며, 민족반역자란 낙인이 찍힐지도 모른다. 민족이란 어휘는 무거운 어휘이며, 그 어휘의 사용에는 검열의 눈초리가 번득인다.

따라서 민족이란 주어의 속성은 긍정적이어야 한다. 이때 긍정적인 것은 그 어휘의 형용사적 성질이다. 민족은 형용사 술어를 가질 뿐만이 아니라, 동사 술어를 갖는다. 민족은 의인화된 주체이기 때문에 민족이란 주어는 운동하고 사유하는 실체로서 동사 술어를 갖기 마련이다. 이 동사 술어의 성격을 검토하면, 형용사 술어의 성질의 타당성을 주장할 수 있을 것이다. 하지만 동사 술어 역시 그 성질은 자명하다. 동사 술어의 속성이 부정적인데 형용사 술어의 성질이 긍정적일 수 있겠는가. 동사 술어 역시 긍정적 속성을 가질 것이다. 역사는 변화를 기술하기 때문에 동사는 변화의 의미를 가지며, 동시에 긍정적인 속성을 가져야 한다. 아마도 그 동사는 긍정적 변화를 의미하는 동사가 될 것이다. 긍정적 변화는 '발전하다'란 말로 나타낼 수 있다. '퇴보하다'는 부정적 속성의 동사가 되므로 선택될 수 없다. '발전하다'는 '진보하다', '전진하다' 등 변화의 긍정적인 속성을 나타내는 동사라면 얼마든지 바꾸어 쓸 수 있다.

'발전하다'라는 동사는 다시 엄밀히 검토할 필요가 있다. '발전'은 어떤 기준 시점의 현상이 그 이전 시점의 현상보다 긍정적인 변화를 경험했음을 의미한다. 이때 긍정적이라는 것은 측정자의 가치판단이며, 측정자의 가치판단은 측정자의 가치판단 근거, 곧 가치관에 의한 것이다. 그 가치관의 근거를 밝히기란 어렵다. 조선후기를 예로 들어보자. 한국사는 조선후기가 조선전기와 다르다는 사실을 유난히 강조한다. 조선후기의 특이성은 한마디로 '근대'와 관련 있을 것이다. 근대란 말을 명언하든지 아니하든지 간에 조선후기의 모든 역사적 현상은 순수한 중세인 조선전기와의 차별성, 곧 근대적 속성을 갖고 있는 것으로 기술된다. 즉 조선후기사에 한정한다면, '발전'은 근대를 향한 발전을 말한다. 이 '근대'가 이른바 '내재적 근대'다. 근대를 도입하면 결국 중세가 따라오며, 중세는 고대를 가져온다. 알다시피 그것은 서구사에서 도출된 고대→중세→근대의 역사발전 도식이다. 이것은 사실상 서구의 역사발전 단계를 가치 측정의 준거로 받아들인다는 의미다.

서구의 역사발전 도식 위에서 그것을 준거로 삼아 한국사는 '발전하다'라는 동사 술어를 갖는다. 하지만 이것은 심각한 문제를 노정한다. 과연 서구의 역사발전에 근거한 시대구분과 그 시대적 성격이 한국사에 온전히 적용될 수 있을 것인가? 예컨대, 나는 서구의 중세와 한국의 중세를 관통하는 근원적 동질성은 없다고 생각한다. 근대 역시 동일한 문제를 안고 있다. 한국사의 '근대'는 내재적인 경험에서 비롯된 것이 아니라, 외부의 강요로 시작된 것이다. 한국의 근대는 외재적인 것이기에, 그 이전 시기인 전근대와 심각한 단절이 있다. 단절은 발전의 연속성을 파괴한다. 따라서 단절은 강제로 접합되어야만 한다. 조선 내부에 이미 근대로의 발전 루트가 만들어지고 있었다는 내재적 발전론은 이런 이유로 만들어진 발명품이다.

'발전하다'라는 동사를 선택한 순간, 한국사는 역사적 현상을 왜곡하기 시작한다. 내재적 발전론이 실증적으로, 논리적으로 파멸했음에도 불구하고, 그것을 발본拔本적으로 반성하지 않는다. 역사는 발전과 퇴보, 정체, 단절로 구성되어 있되, 그 구성은 부정합적이다. 하지만 '퇴보하다', '정체하다', '단절되다'라는 동사는 선택될 수 없다. 정녕 그럴까? 민족을 주어로 삼을 때, 식민지가 된 것을 발전이라 볼 수 있겠는가? 고려가 몽고의 지배하에 들어간 것, 조선이 명에게 속국屬國처럼 사대事大한 것을 발전이라 볼 수 있을 것인가? 물론, 퇴보와 정체, 단절이 전혀 선택되지 않는 것은 아니다. 아니, 필연적으로 선택될 것이다. 다만 그것은 보다 넓은 시간의 범위 속에서 궁극적으로 보다 더 큰 양적·질적 발전을 위한 부품적 요소로 선택될 뿐이다. 즉 그것은 수사학적 차원에서 선택되는 것이다.

이렇게 해서 모든 역사적 현상은 매끈하게 발전으로 해석된다. 이 해석은 사실상 실재했던 인간과 사회의 리얼리티를 지워버리기에 폭력적이다. 조선의 경우, 남성-양반의 지배체제가 여성과 상것, 노비를 일상에서 어떻게 잔혹하게 다스렸는가, 또는 지배층이 피지배층을 어떤 폭력과 수탈의 전략으로 다스렸는가는 도무지 언급되지 않는다. 물론 그에 대한 연구가 있다 하더라도, 그것을 부각시키는 것은, '민족의 발전'에는 도무지 도움이 되지 않기에 언급이 배제된다. 그 연구는 중요한 연구라는 평가를 받은 뒤 '국사'의 진당에 오르지 못하고, 저 어두운 도서관의 구석에서 잊혀져가고 있을 것이다.

4 민족사의 정해진 구조, 영웅서사시

나는 위에서 한국사가 민족이란 주어를 선택하는 순간, '발전하다'라는 동사를 선택할 수밖에 없다고 하였다. '발전하다'라는 동사의 의미는 긍정적 속성이 질적·양적으로 계속 확대됨을 의미한다. 따라서 이 동사는 긍정적 속성의 형용사로 대치될 수 있다. 민족이란 어휘 주위에 서성대는 형용사에서 그것을 골라보자. '위대한 한국인'이란 말이 있다. 이 '위대하다'란 형용사를 택해보자. '위대하다' 대신 '빼어나다', '우수하다', '찬란하다' 등의 형용사를 택해도 마찬가지다. 곧 한국사가 민족의 간단間斷없는 발전을 되풀이해왔다면, 한민족은 위대하다고 표현해도 무방할 것이다. '민족'을 주어로 삼는다면, 이 구절은 "민족은 위대하다"라고도 간단히 나타낼 수 있다.

이 문장은 현재형이다. 역사는 시간적 서술이므로, 이는 다음과 같이 시제를 바꾸어 쓸 수 있다.

민족은 위대했다.
민족은 위대하다.
민족은 위대할 것이다.

이 문장들은 시간의 흐름에도 불구하고 동일한 성질이 연속될 뿐이다. 변화가 내포되어 있지 않다. 따라서 변화를 내포하는 서사로 만들면, 다음과 같다.

민족은 위대했다.
민족은 위기를 맞았다.
민족은 위기를 극복하고 더 위대해졌다.
민족은 앞으로 더욱더 위대해질 것이다.

위기를 겪고 그것을 극복하는 과정이 들어갔기에 이 서사는 플

롯을 갖는 서사가 된다. 아울러 더 위대해졌기에 '발전하다'라는 동사의 조건, 곧 '긍정성의 질적·양적 확대'를 충족시킨다. 앞서 '후퇴하다', '퇴보하다', '정체하다'라는 동사가 보다 더 큰 양적·질적 발전을 위해 부품적 요소로 선택될 수 있다고 했는데, 여기서 말하는 '위기'는 그 동사의 속성이기도 하다.

위기는 대부분 내부가 아닌 외부에서 온다. 서두에서 제시했던 신채호의 《조선상고사》〈총론〉을 떠올려보자. 한국사를 '아'와 '비아'의 투쟁의 기록으로 생각했던 신채호에 의하면, '아'는 조선민족이고 '비아'는 조선민족 이외의 민족이다. 곧 민족이 위기를 맞는 것은, 적대적 타자(타민족, 타국가) 때문이다.

이미 알아차렸겠지만, 위대한 민족이 적대적 타자의 침략으로 위기를 맞았으나, 극복을 통해 더 위대한 존재로 발전한다는 이야기는, 곧 민족을 주어로 하는 영웅서사시다. 영웅서사시는 '비범한 영웅의 탄생, 위기, 조력자의 출현, 위기의 극복, 다시 위대해짐'이란 서사로 이루어진다.■ 한국사는 영웅서사시의 속성을 갖고 있는 것이다.

영웅서사시는 민족의 탄생부터 현재까지를 지배하는 서사이면서, 동시에 역사의 각 부분을 지배하는 서사이다. 하지만 그것은 원래 '이야기'이기에 얼마든지 변형될 수 있다. 예컨대 민족의 위대했던 과거를 입증하기 위해서, 한국사는 고조선, 고구려와 발해에 집중한다. 광대한 영토가 위대함을 입증하기 때문이다. 보라, 우리는 저 옛날 광대한 제국을 경영한 위대한 민족이었다! 하지만 적대적 존재의 침략으로 그 영토를 상실하고 있다. 다시 위대해지려면 영토를 회복해야 할 것이다. 만주 땅을 회억回憶하면서 '고토古土 회복'이란 말을 떠올리는 것, 내뱉는 것은 미완성의 서사를 완성하기 위한 노력이다.

이 영웅서사시가 명징하게 들어맞는 경우도 있다. 문화적으로 찬란했던 조선전기는 일본의 침략으로 위기에 빠지지만, 민족은 그 위기를 슬기롭게 극복하고, 영조·정조의 문화적 르네상스를 일으킨다. 영조·정조의 찬란한 시대를 일군 민족은 일본 제국주의의 침략으로 식민지가 되는 위기를 겪었다가 독립운동을 통해 그 위기를 극복하고 오늘날 세계 10위의 경제대국이 되었다. 영웅서사시답게

■　영웅서사시는 이규보李奎報(1168~1241)의 〈동명왕편東明王篇〉을 떠올리면 쉽게 이해할 수 있다. (1)주몽朱蒙(동명왕)은 원래 위대한 인물로 탁월한 능력을 갖고 태어난다(주몽은 천제天帝의 손자이고, 해모수解慕漱의 아들이며 하백河伯의 외손이다. 그는 한 달이 되자 말을 하고, 그때부터 신궁神弓의 능력을 갖고 있었다). (2)적대적 타자인 금와왕金蛙王과 태자 대소帶素, 비류왕比流王 송양松讓에 의해 죽음 혹은 왕위 상실의 위기를 겪는다. (3)오이烏伊·마리摩離·협보陜父와 물고기와 자라, 부분노扶芬奴의 도움(조력자의 출현)으로 위기를 극복한다. (4)나라를 세워 다스리다가 하늘로 올라가 더욱 위대해진다.

당연히 조력자도 있다. 앞의 서사에서 조력자는 중국이고, 뒤의 서사에서는 미국이다. 어떤가?

비범한 존재로서의 민족이, 이따금 적대적 타자에 의해 위기를 겪고, 조력자의 도움을 받아 그 위기를 극복하고 더욱 위대해진다는 서사는 민족의 역사 어느 부분을 잘라도 동일하게 변수될 수 있다. 고려의 역사를 잘라도, 조선의 역사를 잘라도 그렇게 된다. 이는 민족을 위기에서 구출한 영웅적 개인에게도 그대로 관철된다. 이순신李舜臣(1545~1598)은 원래 탁월한 지혜와 용기를 갖고 태어나서 외부의 적대적 존재(일본)와 원균元均(1540~1597)이란 내부의 적대적 존재로 위기를 겪지만, 조력자(유성룡柳成龍(1542~1607) 등)의 도움으로 그 위기를 극복하고 민족의 영원한 영웅이 되어 다시 위대해진다.

위에서 든 예에 대해 얼마든지 증거를 들어 반박하고 비판할 수 있다. 하지만 상관없다. 서사시는 원래 사실이 아닌 문학이니까. 다만 이 이야기는 구석기시대부터 지금까지에 이르는 전체사의 불변적 구조가 되며, 한국사의 의미를 생성하는 기구機構가 된다. 이 구조는 어떤 세부적 연구가 전체 서사에 부합하면 확대해 수용하고, 비판적일 경우 변형하여 흡수하고, 대립하면 배제해버린다. 영웅서사시의 서사는 용광로처럼 어떤 연구도 그 속에서 용해하고 만다. 아무리 개별 연구가 "그렇지 않아!" 하고 외쳐도 소용이 없다. 교육을 통해 국민의 대뇌에 주입되는 것은, 그리하여 국민에게 진리로 인식되는 것은, 세부적 진실이 아니라, 단지 위대한 이야기일 뿐이니까! 또한 역사 교육을 통해 영웅서사시에 감염된 국민이 역사가가 되면, 영웅서사시를 역사를 인식하는 기본 인식틀로 삼아, 영웅서사시를 재생산한다. 영웅서사시는 이렇게 하여 끝없이 반복되는 이야기가 된다.

영웅서사시는 실제가 아닌 이야기다. 따라서 영웅서사시로서의 한국사는 곳곳에서 모순을 드러낸다. 영웅의 이야기가 영웅 아닌 범인들에 대해 침묵하듯, 영웅서사시로서의 한국사는 민족만 남기고 그 민족 속에 포함된 '인간'을 지워버린다. 예컨대 어떤 상것 혹은 여성노비가 경험한 임진왜란은, '민족'이 경험한 임진왜란과는 사뭇 다르다. 하지만 실재했던 인간 개체는 영웅의 탁월성이 드리우는 긴 그림자 속에서 보이지 않는다. 임진왜란은 민족이 당면한 위기를 극복하는 것으로 묘사될 뿐이고, 남성 가부장제가 공고히 성립한, 여성에게는 비극의 나락으로 떨어지는 계기(예컨대 시집살이의 시작, 재산 상속에서의 여성의 배제, 수절의 일반화)가 되었음은 거의 언급되지 않는다.

인간은 민족의 일원이 아니라, 오직 개체로서 먼저 태어난다.

개체는 자신이 던져진 사회 속에서 남성으로, 여성으로, 양반으로, 상것으로, 노비로, 부자로, 빈자로 존재한다. 실재했던 것은 개체이며, 그 개체들이 갖는 정체성은 사회적 권력관계 속에서 위계화되어 있다. 노비와 여성, 여성노비, 남성노비, 남성상것, 여성상것, 부자로서의 노비 등등은 모두 개체로 존재한다. 나는 사회적으로 '지방대학 교수'로 인지된다. 지방대학 교수가 경험하는 한국 사회는 서울의 모모 대학의 교수와 재벌과 정치인이 경험하는 한국 사회와 사뭇 다르다. 그런가 하면, 도시빈민과 한국국적을 가진 이주여성 그리고 혼혈인이 경험하는 한국 사회, 즉 소수자가 경험하는 한국 사회 역시 판연히 다르다. 그 다양한 인간 개체의 개별성과 경험을 민족-영웅이란 주어가 집어삼키는 것이다. 그러나 그 개체 중 소수자에게는 영웅의 역사가 필요하지 않다. 그것은 자신의 이야기가 아니기 때문이다. 전근대 사회에서 구성원의 대다수를 이루는 농민과 어민, 노비는 그 수에 상관없이 소수자였다. 인구의 절반을 차지하는 여성 역시 소수자였다. 소수자인 그들의 입장에서 역사를 쓴다면, 그 역사는 완전히 달리 기술될 것이다. 이런 까닭에 영웅서사시로서의 한국사는 소수자가 원초적으로 경험할 수 없는 역사를 그들의 역사로 각인시키는 도구가 될 뿐이다.

영웅서사시로서의 한국사는 사료에 대한 해석을 독점한다. 사료는 원래 있던 자리에서 뜯겨 나와 민족의 위대함을 입증하기 위해 일방적으로 해석된다. 〈광개토대왕비문〉은 고구려의 특정한 시기에 있어서 광개토대왕廣開土大王(374~412)에 의한 고구려의 영토 확장을 기술하고 있다. 하지만 20세기 이래 한국사는 그것을 광개토대왕의 정복 전쟁이 아닌, 위대한 한민족의 영토 확장으로 선언한다. 넓은 영토에 대한 집착, 곧 20세기 제국주의의 욕망으로 비문을 읽어내는 것이다. 발해에 대한 관심 역시 그 광대한 영토 때문이다. 발해의 건국자 대조영大祚榮(?~719)은 고구려인이 아닌 말갈인이다. 유득공柳得恭(1749~1807)은 발해에 대한 최초의 역사서인 《발해고渤海考》의 서문에서 "대저 대씨大氏는 어떤 사람인가? 곧 고구려인이다."■라고 하면서, 발해의 왕족인 대씨가 고구려인인 것처럼 말하고 있지만, 〈군고君考〉의 '진국공'에서는 "진국공은 성이 대씨고, 이름이 걸걸중상이며, 속말말갈 사람이다. 속말말갈은 고구려에 신하 노릇을 하던 자들이다. …… 고구려가 멸망하자 걸걸중상은 아들 대조영과 가속을 이끌고 영주營州로 옮겨가 살았다."■■라고 말

■ "夫大氏者, 何人也? 乃高句麗之人也."(《渤海考》, 홍익출판사 影印本, 2000, 5면)
■■ "震國公, 姓大氏, 名乞乞仲象, 粟末靺鞨人也. 粟末靺鞨者臣於高句麗者也. …… 高句麗滅, 仲象與子祚榮率家徙居營州."(같은 책, 11면)

하고 있다. 즉 대조영의 아버지 걸걸중상은 속말갈인으로 고구려의 신하였다고 밝히고 있다. 서문에서 대씨가 고구려인이라고 한 것은 말갈인으로서 고구려란 국가에 신하로서 소속되었던 사람이라는 뜻으로 보인다. 그의 출신 종족이 고구려란 말은 아니다.■

국사는 발해는 고구려 유민이 상층부, 말갈인이 하층부를 이루었다고 가르친다. 하지만 말갈인이 왕인 국가에서 고구려 유민이 상층부를 이룰 수 있는가? 대조영이 말갈인일 수도 있다는 말은 교사의 교과용 지침서에 나올 뿐이고, 교과서에서는 구체적으로 언급되지 않는다. 발해의 역사는 발해의 역사일 뿐이다. 만약 말갈인이 지금 작은 국가나마 이루고 산다면, 발해를 자신의 역사 속으로 집어넣으려는 한국과 중국에 대해 코웃음을 칠지도 모를 일이다.

■ 발해사가 중국사에 속하는가, 한국사에 속하는가 하는 발해사 귀속 문제는 지금까지 논쟁거리다. 이에 대해서는 《발해사 바로 읽기: 발해사 쟁점과 연구》(임상선 지음, 동재, 2008)의 제1부 〈발해사 귀속문제〉에 정리되어 있다. 발해사 귀속 논쟁은 주로 대조영의 출신 종족과 관련된다. 나는 대조영을 말갈인 출신이라 생각한다. 다음 《구당서》와 《신당서》의 기록도 대조영을 말갈인으로 이해하고 있다. "발해의 말갈군왕 대조영이 죽었다."("渤海靺鞨郡王大祚榮死."《舊唐書》권8, 本紀 제8, 玄宗 上, 開元 8년), "발해 말갈의 대조영이 죽었다. 본래 고려의 별종이다."("渤海靺鞨大祚榮者, 本高麗別種也."《舊唐書》권199하, 列傳149, 〈北狄〉, '渤海靺鞨'), "발해는 본래 속말말갈로서 고려에 붙었던 자다. 성은 대씨다."("渤海, 本粟末靺鞨, 附高麗者, 姓大氏."《新唐書》권219, 열전 제144, 〈北狄〉)《구당서》와 《신당서》모두 대조영을 '말갈군왕' '속말말갈'로 부르거나 직접 고구려 종족이라 하지 않고 고구려의 별종으로 부르고 있다. 고구려와 구분하려는 의식이 강하게 작용하고 있는 것이다.

이 문제를 다른 각도에서 접근해보자. 다 아는 '실학'을 예로 든다. '실학'은 중세적 모순을 중세적 방법으로 극복하려는 학문적 노력이지만, 민족사는 근대로 향한 길을 찾기 위해, 실학을 내재적 근대로 읽어낸다. 왜냐? 위대한 민족이 스스로 근대로 가지 않을 리가 없으니까! 근대로의 발전은, 곧 자본주의로의 발전을 의미하기에 조선후기사 연구는 상업자본의 발달, 경영형 부농, 실학의 상업론에서 자본주의의 맹아를 이끌어낸다. 이러한 해석을 두고 타당성 여부를 논하는 것조차 무의미할 정도다.

흔히 실학의 성격을 성리학에 대한 비판으로 규정하지만, 사실상 이 대립 설정 자체가 잘못된 것이다. 그것은 서구 근대가 신神-신학神學을 비판했다는 것을, 이理-성리학性理學으로 대체한 것에 지나지 않는다. 실학은 가부장제라는 남성중심적 친족구조를 전제하고 있었고, 결코 성리학을 벗어날 수 없었다. 그러므로 근대 이후 실학의 구성과 그 내용의 해석은 어디까지나 스스로 근대로 걸어갔던 민족사의 위대함을 입증하기 위해 고안된 것에 지나지 않는다.

5 국민을 제작하는 국사 교육

금성출판사에서 펴낸 국사교과서가 뉴라이트 계열의 교과서포럼의 이의 제기와 그것을 수용한 교과부의 간섭으로 많은 부분이 수정되었으나, 최근 법원의 판결은 그 수정 자체가 불법적 행위라고 판단했다. 이 사건은 한국사 서술이 객관적 진실을 찾는 행위가 아니라, 이데올로기에 의해 구성되는 것임을 여실히 보여준 예다. 뉴라이트 계열의 교과서포럼은 왜 국사교과서를 수정하려고 했던가? 학교 교육을 통해 학생들(국민들)에게 국사교과서를 강제로 읽게 할 수 있기 때문이다.

역사는 읽히지 않으면, 공터에 내버려진 의미 없는 사물일 뿐이다. 역사는, 독자에게 읽혀 자신을 독자의 대뇌에 복제함으로써 그를 진리로 믿게 하는 데 존재 의의가 있다. 학교 교육은 그 과정을 강제화한 것이다. 장지연이 〈신정동국역사서〉에서 말한 바와 같이 한국사는 교육과 분리할 수 없다. 아니, 한국사는 애당초 국가의 교육 기관을 통해 강제로 국민에게 주입될 것을 목적으로 하여 탄생한다. 그것은 역사적 지식이나 역사적 진실을 알려주는 데 목적을 두는 것이 아니다. 한국사를 배우는 사람을 한국인으로 만들려는 데 목적이 있는 것이다. 즉 한국인이 먼저 존재하고 그들에게 역사적 지식을 제공하는 것이 아니라, 역사를 교육하는 과정 자체를 통해서 한국인을 제작하려는 것이다. 중·고등학교 《국사》 과목의 교사용 지침서가 아무리 역사 교육에 관해 다양한 논리를 내세워도 그것은 결국 '국민 만들기'를 호도하는 미사여구에 지나지 않을 것이다.

이것은 역사 교육의 역사를 검토해보면 간단히 드러나는 진실이다. 자국사自國史가 국가의 모든 구성원의 보편적 지식이 된 것은 20세기 이후다. 중국의 통사인《통감절요》는 걸레쪽처럼 낡아 고서점마다 널려 있지만,《삼국사기》와《삼국유사》,《고려사》는 겨우 존재하는 희귀본이었다. 백성들은 말할 것도 없고, 양반들조차 보기 어려운 책이었다. 과거 시험에 나오지도 않는 과목을 누가 공부한단 말인가. 통사로서의 한국사는 관심 밖이었던 것이다. 거듭 말하거니와 근대 이전에 한국사는 결코 '교육되지' 않았다. 앞서 인용했던 장지연의 〈신정동국역사서〉에서 확인할 수 있듯 한국사가 국민에게 교육된 것은, 20세기 초반 근대 역사학이 출발하면서부터다. 〈신정동국역사서〉가 주장하듯, 한국사는 객관적인 사실의 규명을 목적으로 하는 학문이 아니라, 교육을 통해 국민을 제작하는 수단, 곧 애국심과 동족의 감상-민족주의를 내면화시키는 장치다. 도구로서의 한국사 서술 방법은 20세기를 관통하면서 한국사 서술을 지배해왔고, 지금도 지배하고 있다. 학교 교육은 바로 그 도구로서의 한국사를 주입하는 방법인 것이다. 물론 학교에만 한정되는 것은 아니다. 이는 신문과 방송, 잡지 등의 매스미디어와 출판 등을 통해, 아동용 서적을 통해, 교양을 빌미로, 정보를 구실로 삼아 광범위하게 퍼져나간다. 하여, 우리는 그러한 텍스트가 가득 찬 공간 속에서, 그 텍스트를 공기처럼 호흡하며 그 텍스트의 주장을 진리로 받아들인다. 이런 과정을 통해서, 한국 사회 내의 인간 개체는 자신이 근원적으로 경험할 수 없는 과거를 경험했던 것으로 인식하거나, 일부를 경험한 경우 그 경험의 의미를 한국사가 해석해주는 대로만 받아들이면서, 과거의 기억과 그 의미를 공유하는 집단이 된다. 그 집단이 곧 민족이며 국민이다.

국민국가에서 교육의 성격은 복합적이지만, 국어와 국사, 사회 과목은 국가의 권력에 순종하는 인간을 만드는 데 기본 목적이 있다. 한국인을 만들기 위해 반드시 필요한 과목이 국어와 국사다. 그것은 강제로 교육된다. 곧 일방적으로 국민의 머릿속에 주입되는 것이다. 국사는 국민을 만드는 장치다. 따라서 그것은 국가권력에 의해 교육-주입되는 것이다. 곧 국사 교육은 개체에 대한 국가의 일방적인 권력 행사일 뿐이다. 누구도 교육을 미명으로 하여 진행되는 이 일방적 권력 행사에 의문을 품거나 저항하지 않는다. 영웅서사시로서의 한국사는 이 일방적 권력 행사의 강제성을 은폐하기 위한 도구인 것이다.

6 새로운 역사, 인간의 역사

나는 이 글에서 영웅서사시로서의 한국사를 비판했다. 하지만 20세기의 한국사가 완전히 무의미했다고 말하는 것은 당연히 아니다. 제국주의의 침략에 유린된 조선인으로서는 자기 운명을 스스로 결정할 수 있는 자유를 얻기 위해, 민족의 단합을 위한 위대한 역사를 구성하는 것이 당시로서는 필연적인 과제였다. 하지만 21세기에 들어와 영웅서사시로서의 한국사가 가졌던 긍정적 기능은 거의 다 사라지고 없다.

나의 비판은 바로 이 지점에 있다. 영웅서사시로서의 한국사는 개인을 민족(국가)이란 집단에 소속된 동등한 구성분자로 인식하게 하면서, 이면적으로는 한국 사회의 제종諸種의 불평등, 예컨대 계급적·성적·지역적 차별을 은폐하는 도구로 작용하고 있다. 여기에 더하여 사회진화론을 내장한, 오직 빼어난 능력을 갖춘 강자만이 살아남을 수 있다는 우승열패優勝劣敗의 신화는 한국사 서술을 통해 강력하게 유포된다. 그런가 하면, 외부적으로는 적대적 타자(타국가, 타민족)와의 투쟁을 역사적 필연으로 인식하게 하고, 밖으로 영토를 확장하고자 하는 제국주의적 욕망을 정당화하는 구실도 한다.■ 그럼에도, 한국사가 역사 교육을 통해 '한국인'을 제작하는 결정적 수단인 이상, 국가는 영웅서사시의 서술을 멈추지 않을 것이다. 더욱 비극적인 것은 한국 사회의 소수 지배층이 국가권력을 장악하고 이 영웅서사시를 자신들의 지배를 공고히 하는 수단으로 삼고자 한다는 것이다.

따라서 영웅서사시로서의 한국사가 궁극적으로 허구라는 사실을 계속 지적하지 않을 수 없으며, 대안의 모색 역시 멈출 수 없다. 하기야 지금 단일한 출구는 보이지 않는다. 단 하나 변할 수 없는 원칙이 있다면, 한국사 서술에서 영웅서사시의 구조를 뽑아내고, 그 위에 역사를 읽어낼 새로운 방법을 배치하는 것이다. 이 작업은 아마도 영웅담의 그림자에 묻혀 있는 인간들의 실로 다양한 모습과 관계, 사유들을 드러낼 것이다. 우리는 거기서 국민국가와 자본주의적 삶을 넘어서는 삶, 그리고 사유들을 찾아내어야 할 것

■　한국의 내셔널리즘과 자본주의의 제국주의적 속성에 대해서는 《촌놈들의 제국주의》(우석훈 지음, 개마고원, 2008)에 잘 정리되어 있다. 물론 현재 한국의 식민지를 찾을 수는 없다. 하지만 투자의 형태로 사실상의 식민지를 찾으려는 노력은 계속된다. 예컨대 한국의 기업인 대우로지스틱스가 2008년 5월 마다가스카르Madagascar 정부로부터 아치나나나Atsinanana 지역의 130만 헥타르의 땅을 99년간 임차하려고 하였으나, 계약이 거의 성사될 무렵인 2008년 11월 18일 〈파이낸셜 타임즈Financial Times〉의 폭로로 임차에 실패하였다. 이 임차를 〈르 몽드 디플로마티크Le Monde Diplomatique〉(한국어판, 2009년, 4월호)는 '신식민주의의 한 형태'라고 평가했다. 파병, 선교 등도 제국주의적 욕망의 표현이다.

이다. 예컨대 우리가 박지원朴趾源(1737~1805)과 정약용에서 읽어내야 할 것은, 자본주의의 맹아가 아니라, 〈허생전許生傳〉과 〈여전론閭田論〉이 보여주는 독립적·자족적인 경제공동체의 가능성이며, 국민국가의 무한한 권력이 부재하는 아나키anarchy의 세계다. 이런 의미에서 한국사 연구는 국가와 국민, 민족을 위한 역사학이 아니라, 인간의 보편적 문제를 다루는 역사학이 되어야 할 것이다. 그런 모습은 곳곳에서 목도되고 있다. 새로운 길이 열리기 시작한 것이다.

국문학과 삶의 교직

편집된 국어, 굳어버린 문학 연구

1 들어가며

2007년에 《국문학과 민족 그리고 근대》란 책을 썼다. 나는 이 책에서 기존의 국문학(한문학) 연구를 비판했다. 국문학과 민족, 근대의 관계를 논하여, 민족과 근대는 과거의 문학을 읽는 결정적인 코드이며, 동시에 국문학은 민족과 근대에 의해 구성되고 있음을 밝혔다. 하지만 비판에 바탕을 두고 새로운 연구방향을 모색하지는 않았다. 이제 이 짧은 글에서 나름의 새로운 연구 방향에 대해 언급하고자 한다. 물론 거창한 이론도 아니고, 상세한 절목을 구비한 것도 아니다. 다만 연구자로서 고민한 바를 털어놓고자 하는 것에 불과하니, 모쪼록 양해를 바란다.

2 창작과 감상의 일치, 생활과 문학의 교직

전근대문학과 근대문학의 구획선은 어디에 있는가? 전근대문학은 독립적으로 존재하는 것이 아니라, 인문학의 여러 분야와 연관되어 있었으며, 개인과 집단의 제종諸種의 생활과 복잡하게 교직交織된 상태로 존재하였다. 나는 후자, 즉 문학과 생활과의 교직성交織性, 곧 문학과 생활이 불가분의 관계로 서로 얽혀 있었던 것에 대해 말하고 싶다. 문학이 인간의 삶, 곧 생활의 언어적 형상물이므로, 새삼 생활과의 교직을 말한다는 것이 이상하게 들릴지도 모르겠다. 하지만 근대 이후의 문학의 존재 형태를 생각해보면 쉽게 이해가 될 것이다.

현재 한국문학은 '문학계'의 허가를 얻은(추천이든, 신춘문예든) 소수의 독점적 문인 집단에 의해 생산된다. 생산된 작품은 상품적 속성을 가지며, 시간이 흐를수록 이 속성의 관철 정도는 높아지고 있다. 아마 현재는 거의 백 퍼센트 가깝게 관철되고 있을 것이다. 문학 작품의 상품성을 지배하는 것은 물론 시장이다. 출판사란 기업은 이윤을 위해 상품(문학 작품)을 제작하고, 판매한다. 그 관계는 전문적인 제조사(작가)-시장(출판과 유통)-소비자(독자)의 관계로 나타낼 수 있다. 문학이 이러한 시장적 메커니즘을 통해 소비자(독자)에게 공급되는 방식은, 전근대문학의 창작·유통이 생활과의 교직에서 이루어졌던 것과는 철저히 대척적이다. 알다시피 전근대문학인 한문학에서는 탁월한 문인과 탁월하지 않은 문인의 차이는 있겠지만, 문인과 독자는 분리되기는커녕 일치하였다. 즉 창작과 감상, 작가와 독자의 일치가 전근대문학의 특징적 성격이었다. 극소수 창작자와 절대다수 감상자의 완벽한 분리, 문인과 문학의 특화는 근대의 소산이다.

한문학은 수백數百의 장르를 갖고 있었으니, 그것은 모두 인간생활의 다양한 국면의 필요에 따라 섬세하게 분화된 것이었다. 예컨대 어떤 사람이 집을 짓고, 먼 곳으로 떠나고, 문집文集을 내었을 때, 곧 창작자 개인이 엮여 있는 사회적 생활관계에 의해, 기문記文과 서문序文, 발문跋文이 창작되었던 것이다. 한 인간이 죽으면, 제문祭文과 행장行狀과 비문碑文·묘지墓誌문이 지어졌다. 근대문학에서 도저히 찾을 수 없는 장르인 상소문上疏文 역시 문학으로 인식되었던 바, 그것은 관료적 생활의 중요한 국면으로 존재했다. 한 장르의 내부도 마찬가지다. 한문학의 주류를 점하는 한시漢詩의 경우 그 아래에 다시 여러 작은 갈래를 갖고 있으며, 문집을 통해 실제 창작된 작품을 보면 거개의 작품은 어떤 생활상의 복잡하고 다양한 계기를 통해 창작된 것이다. 곧 문학은 독립된 그 무엇이 아니라,

인간과 인간의 관계를 엮는 그런 문화적 수단으로 존재했던 것이니, 생활과의 교직이란 바로 이런 국면을 두고 말하는 것이다.

국문문학이라고 해서 다를 것은 없다. 국문문학의 대종大宗을 점하는 시가詩歌는 유흥과 잔치, 노동 등 생활 속에 포함되어 있었으며, 거기서 작자와 향유자(창자唱者)는 분리되지 않았다. 시가는 성악곡의 노랫말로, 누구나 이 노래를 부를 수 있었고, 노랫말을 지을 수도 있었다. 비슷비슷한 노랫말의 시조가 그렇게까지 많이 전승되는 것은, 이것이 유흥석상에서 즉흥적으로 지어졌기 때문이었다. 당시에도 우수한 작품을 짓는 사람, 열등한 작품을 짓는 사람은 있었지만, 등단과 추천 따위의 면허 과정을 거치지는 않았다. 누구나 작가가 될 수 있었던 것이다. 처음에 노랫말이었다가 뒤에 낭송으로 향유 방식이 바뀐 가사歌辭의 경우, 수많은 여성가사의 존재가 입증하고 있듯, 누구나 가사의 작자가 될 수 있었다.

국문소설의 경우, 19세기에 와서야 겨우 본격적으로 목판인쇄본이 나왔지만, 그나마 소설 독서는 결코 인쇄본이 주류일 수 없었다. 독자들이 더 많이 읽은 것은 필사본이었다. 다른 사람의 소설을 빌려 베껴서 새로 필사본을 만들었고, 그 과정에서 작품을 고쳤다. 그것은 작품 창작에 개입하여 독자가 작가가 되는 방법이었다. 국문소설의 수다한 이본異本 중에 실로 플롯만 같거나, 혹은 플롯까지도 달리하며 오직 제재만 동일한 작품이 존재할 수 있는 것은, 전문가가 아닌 범인凡人이 작품의 창작에 광범위하게 개입했기 때문이었다.

또한 국문소설은 묵독默讀이 아닌 낭송의 방식으로 보다 생활에 밀착하였다. 국문소설은 직접 낭송할 수도 있었지만, 저녁밥상을 물린 뒤 담뱃대를 물고 목청 좋은 사람에게 읽게 하여 듣는 방식도 널리 유행했다. 낭송은 읽으면서 하는 제스처와 굴곡 있는 음성으로 인해 입체적인 효과가 있었다. 낭송을 통한 소설의 향유는, 오직 개인에게 귀속되는 묵독보다 훨씬 더 생활에 밀착된 것이었다.■ 이것은 곧 국문문학의 절대다수의 작품이 범인의 생활과 교직되어 있음을 의미한다.

다시 한문학으로 돌아가자. 19세기 말과 20세기 초 근대의 민족주의 언어관은 한문을 언어생활에서 축출하고, 한문학을 국문학에서 배제하였다. 민족주의 언어관은 한문학과 국문학을 대립시키고, 한문학을 지양되어야 할 것으로 파악하였다. 곧 '국문'만으로의 문학을 위해, 곧 국문문학이라는 완성태完成態를 향해 가는 데 있어

■ 이야기가 약간 옆으로 새지만, 독서가 낭송을 잃어버린 것, 즉 묵독으로 한정된 것도 중세에서 근대로 넘어오면서 생긴 현상이다. 노래와 낭송을 잃어버린 문학은 그 얼마나 불구不具의 것이며, 초라한 것인가.

서 한문학은 언젠가는 제거되어야 할 대상으로 설정되었던 것이다. 민족을 이루는 가장 강력한 공통분모는 한국어이며, 한국어로 쓰인 문학이야말로 신성한 민족문학이기 때문이다.■ 이런 까닭에 조윤제趙潤濟(1904~1976)의 《국문학사國文學史》(동방문화사, 1949)에서부터 확인할 수 있듯, 20세기의 국문학사 연구는 한문학 자체의 발전을 묘사하지 않고, 한문학을 국문문학의 발달을 질식시킨 원흉으로 인식하여, 그 서술을 축소하거나 왜곡하였다. 예컨대 한문학사는 국문문학사의 부록으로 서술되었던 것이다. 노골적으로 말해 폐기 처분되어야 하는 한문학이 압도적 양으로 존재하는 것 자체가 못마땅했다.■■ 그들에게 한문과 한문학은 보다 빠른 시간 내에 퇴출되어야 할 것이었다. 과연 그 희망대로, 20세기를 지나면서 한문이란 언어와 한문학의 창작은 강제로 퇴출되었다. 고전어의 사용과 고전어에 의한 문학창작이 이토록 큰 저주 속에 폐기된 사례는 아마도 흔치 않을 것이다. 그 결과 한문은 이제 문화의 변방에서 독해의

■　한문학과 국문학과의 관계는 대립이 아니라, 연속적인 것이었다. 그것은 생활 속에서 통합되어 있었다. 그것은 표현 언어의 차이로 확연히 구획할 수 있는 절연된 관계가 아니다. 송강松江(본명 정철, 1536~1593)의 가사와 〈춘향전春香傳〉이 한문을 대량으로 흡수하고 있다는 것, 아니 한문이 아니면 이들 작품이 거의 성립할 수 없다는 것은 무엇을 의미 하는가? 사대부의 노래로 시조가 불렸다는 것, 민요가 한시로 번역되거나 제재가 되었다는 것은, 한문학과 국문학의 관계가 연속적이라는 것이다. 양자는 생활을 중심으로 하여 통합되어 있었던 것이다.

대상으로서, 소수자의 언어가 되어 잔존하며 숨만 할딱이고 있을 뿐이다.

작품으로만 남은 한문학은, 일단 배제되었다가 국문문학 유산의 빈약함 때문에 다시 국문학에 일부 포함되었지만, 배제와 복귀의 과정에서 한문학에 내포된 혹은 연관된 중요한 문화적 자산, 곧 한문으로 의사를 표현하거나 창작을 할 때 존재했던 암묵적暗默的인, 무형적 문화자산들이 사라졌다. 이 폐기의 과정에서 한문학과 교직되어 있던 생활, 그리고 그 생활에 기초하고 있는 제종의 문화가 모두 증발되어 사라졌다. 이제 건물을 새로 지어도, 아무도 시와 기문을 쓰지 않고, 여행을 떠나도 시를 지어주거나 송서送序를 써주지 않는다. 사람이 죽어도 유사遺事와 행장과 비문과 묘지와 제문을 짓지 않는다. 어떤 한시의, 어떤 산문의 어떤 미적 성취가 더

■■ 민족주의적 언어관은, 한문학과 국문문학을 대립시키고, 문학사의 발전은 국문문학이 필연적으로 한문학을 배제하고 국문문학만의 상태로 나아갈 것이라는 가정을 근거로 삼아 서술된다. 조윤제의 《국문학사》부터 지금까지 한 번도 의심된 적이 없는 가정이다. 하지만 냉정히 생각해보자. 1876년 개항 이후 1894년 갑오개혁甲午改革 때 국문이 언어생활의 원칙으로 천명되기 전까지 한문-국문의 관계에는 어떤 변화도 없었다. 김만중金萬重(1637~1692)의 '민족어선언民族語宣言'에서부터 홍대용洪大容(1731~1783)의 〈대동풍요서大東風謠序〉에 이르기까지의 국문시가론에서 민족문학론을 도출하려는 것은, 20세기 이후 내셔널리즘의 언어관을 진리로 받아들인 국문학자의 주관적인 선언일 뿐이다. 국문문학이 한문학을 압도하려는 움직임을 보인 시기는 없다.

우월한 것인지를 판단하던 비평 역시 잊혀졌다. 첨언하자면, 창작 생활과 관련된 암묵적 문화가 증발했기 때문에 작품 연구에도 적지 않은 장애가 발생했다.

정도의 차이가 있을 뿐이지 망각은 국문문학에도 동일하게 적용된다. 민요를 부르던 사람이 사라지고, 이윤을 얻기 위해 제작되는 대중가요가 그 자리를 차지했다. 즉석에서 시조를 지어 부르거나, 가사를 베끼고 암송하면서 새로운 가사를 짓거나, 소설 필사 과정에서 자기 색조를 가해 새로운 작품을 만드는 등, 창작과 감상이 동시에 이루어지던 관행이 급속히 사라졌다. 사람들의 기억에 남은 작품이란, 국민을 제작하기 위한 '국어 교육'과 그 구체적인 수단인 교과서에 겨우 '고전문학'이란 이름을 올린 극소수의 작품들이었다. 하지만 그것들조차 자신의 삶의 터전이었던 생활과의 교직성을 망실함으로써, 생기를 잃어버리고 오직 '민족의 문화유산'이란 휘황한 수의를 걸치고 있을 뿐이었다. 의무 교육과정이 끝나면 그 작품들에 대해 자발적인 감상이 있을 리 없다.

이렇게 해서 우리는, 수천 년 동안 생활과의 교직을 통해 작가와 독자가, 창작과 감상이 일치했던 행복한 시절을 망실하였다. 우리는 문학과 분리되어 저 전문가라고 칭하는 사람들이 '심오한 것'이라며 던져주는 문학에 만족해야만 하였다. 근대 이후 생활과의 교직에서 오는 일치를 대신한, 문학의 전문화·독립화는 전근대문학, 곧 한문학의 인식과 연구에 결정적으로 개입하였다. 즉 근대문학의 존재는 우리의 연구 대상인 한문학을 근대적 방식으로 재구성하였던 것이니, 그것은 사실상 서구문학을 준거로 삼아 한문학을 연구하는 것이었다.

3 교직성이 제거된 연구, 근대주의 문학사

생활과의 교직을 제거했기에 한문학 연구는 원래의 존재 형태와 사뭇 어긋난 형태로 왜곡되었다. 첫째 생활과의 교직성이 망실되면서, 연구는 오로지 작품 자체의 문학성에만 집중되었다. 둘째 작품 자체의 문학성에 집중한다 해도 그 문학성은 한문학 전체를 대상으로 한 것이 아니라, 일부의 제한된 작품을 대상으로 한 편협한 것이 되었다. 왜냐? 한문학을 폐기한 근대주의에 바탕하고 있는 근대문학은, 한문학 장르 대부분을 비문학非文學으로 인식하여 폐기했기 때문이다. 곧 근대주의는 한문학에서 근대문학과 상응하는 장르만을 남기고, 그 외의 것은 일체 폐기해버렸던 바, 폐기된 부분은 연구 대상이 된 부분보다 양적·질적으로 더 큰 집합이었다. 구체적으로 말하자면, 시·소설·희곡·수필·비평으로 구성되는 근대문학의 장르를 한문학에 적용했을 때, 건질 수 있는 장르와 작품은 도리어 작은 집합이 되고 말았던 것이다. 상론하자면, 희곡은 한문학에 아예 존재하지도 않으니■ 남은 것은 시·소설·수필·비평이었다. 수필에 해당하는 것은 한문산문의 전 영역에 해당하는 것이다. 그러나 이것이 근대수필과 동일한지도 의문이거니와, 한문학에서 수필 연구는 실로 가능하지 않았고, 거의 이루어지지 않았다. 왜냐? 근대수필 역시 규정하기 애매한 장르였고, 한국의 문학연구자, 비평가들은 수필을 본격적인 연구와 비평의 지평에 올리는 일이 거의 없었기 때문이다. 응용할 전례가 없었고, 또 한문산문을 창작케 한 생활과의 교직성을 이미 상실했기 때문에 연구할 적절한 방법을 찾기 불가능하였다. 저 호한한 한문학의 산문들은 이런 이유로, 또는 도리어 생활과의 교직성을 의미하는 '실용성' 때문에 방치되고 망각되다가 폐기되고 말았다. 어떤 작가의 상소문이, 묘비명墓碑銘이, 행장이, 제문이 탁월한 예술적 성취를 이룬 것이라 해도 실용성 때문에 과거의 비평가들은 별 관심의 대상으로 두지 않았다. 이런 연고로 오직 시와 소설, 비평만으로 이루어지는 저 초라한, 옹색해질

■ 《동상기東廂記》를 비롯한 몇 작품이 있기는 하지만 실제 공연이 불가능한 것이다.

대로 옹색해진 한문학이 남게 된 것이었다. 더 중요하게 다뤄져야 할 수많은 장르와 작품은 관심의 대상이 되지 않았고, 연구대상으로서의 가치를 상실하였다. 한문학은 자신을 생산했던 생활과의 교직을 망실하면서 자신의 영토 안에서 가장 충직했던 장르와 작품 대부분을 잃었다. 대신 저 구석진 변방에 있던 별 볼 일 없는 장르, 예컨대 소설이 앞에 나서서 자신을 대표하게 되었다. 이것은 심각한 왜곡이 아니겠는가.

이렇게 남은 장르와 작품마저도 그 자신이 존재했던 형태대로 이해된 것은 아니었다. 소수의 작품에 집중하게 된 한문학 연구는, 작품의 문학성만을 따지게 되었는데, 그것 역시 허다한 문제를 노정하였다. 생활과의 교직성의 상실은 곧 과거 작품이 놓여 있던 시공간에서 창작-감상과 함께 일상적으로 이루어지던 비평적 판단의 망실로 이어졌다. 예컨대 제문은 장의葬儀의 공간에서 읽히고 다른 사람의 제문과 비교해 평가되었던 것이다. 하지만 제문을 짓고 비평하던 삶이 사라지면서 제문에 대한 비평적 판단도 사라졌다. 이로 인해 작품의 문학성을 따지는 일조차 어렵게 되었다. 즉 작품성을 논할 적절한 평가 준거의 부재는 작품의 미학적 연구를 불가능하게 만들었던 것이다. 가끔 신비평新批評, 구조주의 등등 근대문학을 연구하는 방법을 동원하자는 주장이 있었으나, 그것마저

제대로 실현된 적이 없었다. 이런 연고로 가장 쉬운 길을 택하는 수밖에 달리 도리가 없었다. 작품이 창작-감상되던 시공간에서 이루어지던 비평적 판단을 배제해버렸으니, 이제 작품의 제재에 주목하는 길만 남아 있을 뿐이었다. 그리하여 이른바 민족의 문화전통, 풍습, 사회문제를 표면에 노출하고 있는 작품을 집중적으로 부각시키는 방법이 줄곧 성행하였다.

제재주의로 부를 수 있는 이 방법은 대단히 편리한 것이었으나, 애초부터 심각한 문제를 내포하고 있었다. 그것은 제재가 '한국적'이기 때문에 소중하다는 주장 외에는 아무것도 아니었다. 도대체 '한국적'인 것은 어떻게 정의될 수 있는가? 엄밀히 말하자면, 외래적인 것을 모두 배제한, '순수한' 한국적인 것은 실제 분리 불가능하다. 예컨대 조선의 성리학은 순수하게 한국적인 것인가? 이 물음에 답하기는 불가능하다. 물음 자체가 이미 잘못된 것이기 때문이다. '한국적 제재'란 사실 편의적인 것에 불과하였다. 한국적 제재에 주목하는 방식은, 그 외의 방대한 작품군群에서 생성되고 유통되었던, '외래적' 양식인 한문학을 수단으로 하여 표현되었던, 전근대 사회의 인간의 사유와 감정을 포착하기 어려웠다. 하지만, 만약 진정 한국적인 것의 속성을 찾으라면 오히려 후자가 아닐까?

제재주의보다 좀 더 설득력을 갖춘 방법이 있기는 하였다. 앞서 언급했듯, 근대가 시작되면서, 문학과 생활과의 교직이 폐기·망각되면서, 한문학은 작품 자체만 남기게 되었다. 태생적 환경으로부터 유리된 작품은 어떻게 존재의의를 확보할 것인가. 유일한 길은, 문학사 속에서 의미를 찾는 것이었다. 작품이 생활과의 교직에서 떨어져 나올 때 비명을 지르든 말든, 살과 뼈가 분리되어 원래의 모습을 잃건 말건 상관이 없었다. 홀로된 작품들은, 자신들이 원래 놓여 있던, 살고 있었던, 과거의 시공간과 생활 속에서의 의미를 상실하고, '문학사'에 강제로 배치되면서 자신의 '계급'을 새로 얻게 된 것이다.

문학사는 연구의 누적적累積的 발전을 통해서 최종적으로 그 존재를 확인할 수 있는 대상이 아니다. 우리는 문학사를, 어떤 개별적 작품의 의의를 최종적으로 확정하는 준거, 곧 작품 혹은 어떤 문학현상에 의미를 부여하는, 객관적으로 존재했던 실체로 알고 있지만, 그것은 사실상 근대가 만들어낸 인위적이고 가공적인 컨텍스트에 지나지 않는다. 그것은 다만 존재할 것이라고 믿는 '가정' 속에서만 존재하는 것이다. 우스꽝스럽지만, 실재한다고 가정적으로 '상상된 문학사'에 의해 개별 작품과 개별 연구는 의미를 갖게 된다.

문학사는 역사이며 역사는 변화를 다룬다. 그 변화, 곧 상상된 문학사에서의 변화의 속성은 '발전'이다. 일정한 시간 경과 후 특정한 현상에서 일어난 변화를 관측자가 긍정적으로 판단할 때 그 변화를 진보 또는 발전이라 판단한다. 여기서 핵심적인 것은 관측자의 입장, 곧 관측자의 가치판단이다. 그것은 관측자의 가치관(세계관)에 근거하는 것이다. 문제는 어떤 가치관이냐 하는 것이다. 여기에 근대의 문제가 개입한다. 즉 근대를 최종 도착지점으로 하는 발전론적 역사관에서 모든 문학사의 현상은 근대문학으로 향해 가는 것이다. 그리고 이때의 근대는 '고대→중세→근대'란 역사발전 도식에서 주어진다. 따라서 문학사의 외부에서 근대를 확정하면, 자동적으로 그에 앞선 중세와 고대가 결정되며, 문학사는 작품을 근대와 중세, 고대에 배치하면서, 문학의 고대적, 중세적, 근대적 성격을 다시 부여한다. 작품은 자신의 내적 자질로부터가 아니라, 사실상 외부의 준거에 의해 평가될 뿐이다. 문학사에 작품을 배치하여 의의를 확정해준다는 것은 바로 이런 의미다.

　발전론적 역사관에서 보다 중요한 것은 근대이며, 이것은 문학사에도 동일하게 적용된다. 한문학 유산 중 질적·양적으로 절대다수를 차지하는 조선후기의 작품은 의식하건 하지 않건 언제나 근대와의 거리, 상사성相似性에 의해 평가된다. 내재적 발전론은 바로 이것을 다른 말로 표현한 것이다. 하지만 한국사에서의 내재적 근대 역시 객관적으로 존재했던 것이라기보다는 목적론적 설정에 불과한 것이다. 따라서 이것은 복잡한 문제를 야기한다. 몇 가지 예를 들어 상론해보자. 근대주의로 인해 작품은 원래 자신이 놓여 있던 시공간에서의 의미와 전혀 다른 의미를 부여받는다. 예컨대 박지원의 〈열녀함양박씨전烈女咸陽朴氏傳〉은 여성의 남성에 대한 성적 종속성을 천명하는 열행烈行을 긍정하며, 결과적으로 성리학의 가부장제를 지지하고 있지만, 근대주의는 실학자 박지원으로부터 진보성, 곧 근대적 속성을 끌어내기 위해 이 작품을 성리학과 대척적인 사유를 담고 있는 것으로 해석한다. 허균許筠(1569~1618)의 경우, 국문소설 〈홍길동전洪吉童傳〉의 작자이면서 문학에서 개성을 주장한 사람, 그리고 그의 '경박한' 행동을 근거로 삼아, 그를 마치 성리학을 비판하는, 전근대를 넘어 근대로 나아가는 인간으로 판단한다. 하지만 〈홍길동전〉이 과연 처음부터 국문소설로 씌었는지도 의문이거니와, 홍길동이 서자제도庶子制度의 모순은 비판했지만, 그 자신이 왕이 되어 가부장제를 완성한다는 사실로 보아 성리학적 사회제도에 반대한 것이 아님은 너무나도 명백하다. 따라서 허균 역시 반중세적이거나 탈脫중세적 사상을 가지지 않았음은 두말할 필요가 없다. 하지만 허균은 문학의 개성을 주장한 이처럼 여겨진다. 그가 명대明代 의고파擬古派들에게 깊이 빠져 있었다는 사실은 어떻게 이해할 것인가. 허균은 결코 반성리학적인 인간이 아니었다. 그는 근대와는 손톱만큼도 상관이 없는, 자신의 재능을 주체하지 못하는 경박한 사람이었을 뿐이다. 상상된 문학사의 근대주의는 이처럼 작품의 해석을 왜곡하고 강제한다.

물론 여기서 허균과 박지원의 문학에 대한 기존 해석의 타당성 여부를 판정하려는 것은 아니다. 허균과 박지원의 문학을 판단했던 그 인식틀을 반성의 지평 위에 올려보자는 것이다. 이 말을 새로운 문학사를 쓰자는 말로 오해하지 않았으면 한다. 문학사를 쓰는 것은 개인의 자유다. 다만 나의 경우 문학사를 쓰는 것에 아무 관심이 없다. 적어도 나에게는 문학사를 쓰는 시대는 지나갔다. 사실 안확安廓(1886~1946)의 《조선문학사朝鮮文學史》 이후에 쓰인 모든 국문학사는 동일한 문학사가 아니겠는가. 왜냐하면, 그것들은 민족어로 쓰인 근대문학을 지향하는 동일한 구조를 갖고 있기 때문이다. 안확의 《조선문학사》와 조윤제의 《국문학사》는 조동일趙東一(1939~) 선생의 《한국문학통사韓國文學通史》에서 최종적인 형태적 완성을 거두었다. 《한국문학통사》는 동일한 구조를 위에서 가장 정교하고 풍부한 서술을 하고 있기 때문이다. 이 저작은 아마도 문학사의 최종판일 것이다. 앞으로 새로운 문학사는 나올 수 없을 것이다.

4 문학 연구는 어디로 나아가야 하는가

현재 전해지는 한국의 문학 유산 중 한문학은 압도적 다수를 차지한다. 하지만 이상에서 논한 바와 같이 우리가 연구하고 이해했던 한문학은 축소되고 왜곡되어 있다. 한문학 연구의 전면적인 재검토가 필요한 때다.

가장 큰 원칙은 한문학과 생활과의 교직성을 밝히고, 그 교직성에서 비롯된 한문학의 미적 성취를 검토해야 한다는 것이다. 나는 이것이 한문학의 본질적 국면임에도 불구하고 이제까지의 연구는 그것을 배제해왔다고 생각한다. 예컨대 생활과의 교직성의 일부 성격을 실용성이라고 표현할 수 있는 바, 한문학의 실용적 성격은 비문학적非文學的이라 단정하여 연구자의 관심 밖으로 몰아내었던 것이니, 구체적인 생활관계 속에서 나온 작품들, 그리고 그 생활관계 자체는 폐기의 대상이었다. 예컨대 죽음과 관련된 한문학의 다양한 장르, 곧 제문과 묘지명, 비문 등은, 인간의 생활과 분리할 수 없는 강한 실용성을 갖는 것들이었다. 하지만 지금은 어떤가? 오히려 작품이 실용과 멀어지면 멀어질수록 관심의 대상이 된다. 따라서 이제 역으로 작품의 실용성과 교직성을 본격적으로 검토할 필요가 있다.

이것을 위해서 작품을 그것이 존재했던 구체적 시공간에서 강제로 분리해 문학사에 억지로 배치하는 방식이 아니라, 존재했던 양상과 그것의 동시대적同時代的 의미를 먼저 밝혀야 할 것이다. 특히 문학사적 배치를 통해 작품을 발전의 역사로 파악하는 관점을 반성할 필요가 있다. 곧 작품을 발전(특히 근대로의 발전)의 유동流動 속에서가 아니라, 특정한 시공간의 필요에 따라 생산되고 향유되는 것으로 이해해야 한다는 것이다. 곧 한문학 연구의 목적은 우월한 민족의 문학사를 서술하기 위해서가 아니라, 과거 문학이 존재했던 양상을 드러내고 그 의미를 해명하는 것으로 방향을 바꾸어야 할 것이다. 다시 말해 작품이 존재했던 컨텍스트의 해명과 아울러 그 컨텍스트 위에서 작품의 의미와 의의를 재차 반추하는 것이어야 할 것이다.

이것은 작품의 생활과의 교직성에 주목하여 문학의 당대적當代的 기능과 의미를 밝히는 것이다. 나는《열녀의 탄생》(돌베개, 2009)이란 책을 썼다. 이 책에서 나는, 단계적單系的 부계친족제도父系親族制度의 수립을 통해 가부장제 사회를 건설하려는 남성-사대부의 욕망이 조선후기에 와서 수많은 열녀전烈女傳과 열녀정려기烈女旌閭記, 열녀설화를 생산하고, 이러한 제종의 장르를 통해 여성은 남성에 성적性的으로 종속되는 존재이며, 여성 스스로가 자신의 신체를 잔혹한 방법으로 희생하여, 윤리적으로 내면화된 그 성적 종속성을 실천하게 만들려 했다는 사실을 밝혔다. 이런 차원에서 본다면, 수많은 열녀전은 인간-여성을 해방하는 것이 아니라, 여성을 억압하는 기능을 가졌던 것이 분명하다. 만약 기존의 한문학 연구 방법에 의한다면, 이런 다양한 장르의 호한한 작품 중 주목을 받을 것은 열녀전烈女傳뿐일 것이다. 왜냐하면 전傳은 문학사가들이 그렇게도 사랑해마지않는 소설과 '유사성'이 많은 장르이기 때문이다. 또한 민족문학의 발전을 서술하는 문학사는, 실제 시공간 속에서 작동했던 텍스트의 의미와 기능을 포착할 수 없을 것이다. 하지만 문학의 생활과의 교직성에 주목한다면, 이상의 열녀전이나 열녀정려기 혹은 열녀설화와 같은 다양한 장르가 일상에서 여성을 남성에게 성적으로 종속시키기 위한 이데올로기적 수단으로 사용되고 있다는 사실을 알 수 있을 것이다. 즉 조선이란 시공간 속에서 텍스트의 의미가 드러날 것이다. 요컨대 민족이나 고대→중세→근대라는 역사 발전 도식과 상관없이, 특히 근대와 상관없이 문학을 이해하고 연구할 수 있을 것이다.

　국문문학도 동일한 논리가 적용될 수 있다. 〈춘향전〉은 인간의 해방을 주제로 삼는다고 알려져 있지만, 전혀 반대의 방향에서 읽을 수도 있다. 즉 그것은 열녀담론烈女談論이 드디어 소설의 형식을 빌어 사회의 저층에까지 침투한 것으로 볼 수도 있다. 이렇게 본다면, 〈춘향전〉은 사랑이 아니라, 열녀담론을 재생산하는 구실을 하고 있는 것이다. 이것은 수많은 규방가사閨房歌詞가 가부장제로 여성을 의식화하려는 의도를 주로 담고 있다는 사실과 어울린다. 〈심청전沈靑傳〉은 효행孝行의 실천을 유도하기 위해 여성의 신체(곧 자식의 신체)까지 희생할 것을 요구하되, 거기에 수반되는 잔혹성을 불식시키기 위해 환생還生과 부귀富貴라는 판타지를 제공하는 것이다. 〈흥부전〉 역시 가부장제의 본격적인 성립과 함께 시작된 남녀균등상속제男女均等相續制에서 장자우대불균등상속제長子優待不均等相續制로의 이행에 따르는 모순, 곧 차자次子 이하의 빈곤과 불만을 해결하기 위해, 그 제도를 윤리의 이름으로 수용하고 순응하면, 판타지적 방법(제비의 보은報恩과 재물의 획득)으로 그 문제를 해결해준다는 것이다. 이런 사례들은, 곧 문학이 가부장제를 관철시키고자 하는 것, 상하의 윤리 관계에 있어서 하위자에게 억압으로 작용한다는 것을 의미한다. 이것은 곧 시간을 축으로 놓고, 문학의 변화를 기술하면서, 그 변화에서 발전적 의미를 유추하는 것이 아니라, 그 작품이 놓인 사회적 공간 속에서의 의미를 찾아야 함을 의미한다.

이를 위해 먼저 걸작이나 이른바 문학사적 의의가 '충만한' 작품들을 위주로 진행되던 연구 방향에 수정을 가할 필요가 있다. 요컨대 문학사의 발전을 의식하여 새로운 문학적 현상에만 주목하거나 걸작에 주목할 필요는 없다. 당연히 그런 문학적 현상과 걸작, 특히 지금의 미의식으로도 공감할 수 있는 걸작에 주목해야 하겠지만, 그것이 과거 작품의 문학적 특이성을 이해하는 필수조건은 아니다. 그보다는 특정한 과거의 특정한 시공간의 문학장文學場에서 어떤 작품 혹은 작품군이 어떤 의도로 기능하고 있었던가, 그리고 그 기능을 위한 미학적 장치들은 어떤 것인지, 또 그 미학적 장치에 의한 당대의 걸작은 어떤 것이었는지를 검토할 필요가 있을 것이다. 이렇게 본다면, 작품은 여러 가지 의도의 복합적 경쟁물로 이해될 것이다. 국문소설을 예로 들자면, 〈춘향전〉의 경우 열녀의식을 관철시키려는 양반-남성의 의도와 기생에서 벗어나고자 하는, 또 현세적 물질적 욕망을 충족시키려는 민중의 의도가 교차하고 있을 것이다. 말하자면 〈춘향전〉은 지배층의 욕망과 피지배층의 욕망이 경쟁, 타협하고 있는 공간이다.

문학사의 일직선적인 발전이라는 도식을 포기한다면, 여러 가능성이 열린다. 굳이 독창적 작품에 주목해야 할 필요도 없다. 독창적 작품도 중요하겠지만, 반복되는 범상한 수사법이 더 중요할 수도 있기 때문이다. 그것에 당대인의 평균적인 미의식이 있기 때문이다. 사실 한시의 경우, 독창적인 작품, 그리고 탁월한 작품을 생산하기 쉽지 않다. 예컨대 노수신盧守愼(1515~1590)의 한시는 두보杜甫(712~770)의 패러디이며, 정두경鄭斗卿(1597~1673)의 한시는 한위漢魏 고시古詩, 《사기史記》의 패러디다. 한시의 창작에서 전통의 압력을 뚫고 독창적인 작품을 창작한다는 것은 불가능에 가까운 일이다. 아니, 무엇보다 독창을 알기 위해서는 무수한 범작凡作과 상투적 수사학을 연구할 필요가 있지 않은가. 사실 유통되고 감상되고 음미된 대부분의 작품들은 그런 작품들이다. 걸작만 주목하여 그것들을 분석하여 다시 그것이 얼마나 걸작인지를 감탄성 언어로 분칠粉漆하기보다는, 걸작은 물론 범작이 개인과 사회 속에서 어떤 역할을 했던가, 또는 그 기능과 역할을 위해 어떻게 언어를 조직하고 있었던가를 분석하는 데로 나아가야 한다.

　이것을 위해서는 작품이 탄생한 시대를 지배했던 비평에 관한 연구가 필연적이다. 당연히 비평 텍스트를 깊이 이해해야 하겠지만, 그 텍스트의 내부에만 집중할 필요는 없을 것이다. 넓게는 당시 문인들의 독서행태를 분석대상으로 삼아, 좁게는 그들이 접수했던 외부의 비평 텍스트 계보를 추적하여, 비평의 양상과 의미를 제대로 파악할 수 있을 것이다. 예컨대 16세기 말 이래(물론 그 이전도 마찬가지다) 조선의 시와 산문의 창작·비평은 명·청대淸代의 사상사와 문학유파의 비평과 필연적으로 관련을 맺는 바, 그 사상과 비평의 계보를 밝힘으로써 우리는 조선후기의 비평과 창작을 보다 명징하게 이해할 수 있을 것이다. 이와 관련해서 나는 조선의 문학과 비평이 주체적이고 독창적이었다는 것을 힘주어 말하는 것을 피하고자 한다. 그 복잡한 비평과 창작의 내면이 얼마나 다양한 외적 요소와 새로운 창안으로 복잡하게 구성되어 있는지를 밝히면 족하기 때문이다.

5 마치며

이 글에서 나는 망각되었던 한문학의 생활과의 교직성을 복원하자고 주장하였다. 폐기되거나 망각되었던 한문학의 장르와 작품들을 다시 연구의 지평으로 불러오자는 것이다. 하지만 이 주장을 한문학과 한문학이 창작되던 시대를 온전한 것으로 여기는 복고적인 것으로 오해하지 않았으면 한다. 생활과의 교직성을 주장하는 이유는 물론 과거에 대한 온전한 이해의 필요 때문이지만, 동시에 그것이 당연히 '지금-이곳'의 문제와 접속하기 때문이다.

근대에 와서 문학의 전문화와 독립을 중세의 여러 가지 속박적 관계로부터 해방이라 평가하지만, 그 해방이 진정한 자유를 가져온 것은 아니었다. 문학은 시장적 메커니즘 속으로 던져졌으며, 시장이 문학을 지배하게 된 것이다. 시장성이 희박한 작품은 독자를 잃고 발표되는 순간이 곧 망각의 순간이 된다. 단 한 사람의 독자, 곧 작가와의 친분 때문에 작품집에 비평을 남기는 유일한 독자인 비평가를 제외한다면, 독자를 얻지 못하는 경우가 대부분이다. 근대화의 농도가 짙으면 짙을수록, 문학을 지배하는 자본의 규모가 커지면 커질수록 문학은 자유를 상실한다.

 문학의 전문화와 독립은 동시에 상실을 수반한 것이다. 특히 문학의 전문화는, 창작자와 감상자(독자)를 날카롭게 분리하였다. 문학계의 허가를 득한 전문적 문인의 등장은, 과거 창작자−감상자를 창작자|감상자로 갈라놓았다. 대부분의 사람은, 창작자의 지위를 잃고, 오직 전문가가 던져주는 작품에만 매달릴 수밖에 없었다. 이것은 결과적으로 글쓰기를 소수의 것으로 만들었으며, 인간의 일상에서 글쓰기 자체를 추방했던 것이다. 여기에 최근 문화의 급속한 영상화로 말미암아, 우리는 글쓰기 자체가 현저히 쇠퇴함을 경험하고 있다. 이것은 아마도 문학의 쇠퇴보다 훨씬 더 넓은 차원에서 진행되고 있을 것이다.

 글쓰기의 쇠퇴는 아마도 인문적 가치의 쇠퇴와 그 궤적을 같이할 것이다. 문학과 생활과의 교직성을 다시 복구하는 것은 이런 차원에서 유의미한 일이다. 다시 글쓰기의 시대로 돌아가자는 것이 아니다. 하지만 과거 우리에게 글쓰기와 생활이 일치했던 아름다운 장대한 시간이 있었음을 객관적으로 드러내어, 과거를 보다 명징하게 인식하고, 그것을 다시 교육함으로써 인문적 가치 회복의 교두보로 삼을 수 있을 것이다. 뜬금없이 한문학과 생활과의 교직성을 주장하는 이유가 바로 여기에 있다. 이런 점에서 한문학 연구는 이제 다시 시작되어야 할 것이다. 풍요로운 연구의 시대가 열리고 있는 순간이다.

국문학의 대중화

집단이 아닌 인간의 가치에 다가서다

1 교과서에 갇혀버린 국문학

국문학■의 대중화란 보다 정확하게 말하자면, 국문학 연구 결과의 대중화라고 말할 수 있다. 그런데 왜 국문학을 연구하는 학회에서 국문학 연구 결과의 대중화를 말하는 것인가? 혹 국문학의 대중화라는 문제를 주제로 설정하는 것 자체가 이미 문제인 것은 아닌가. 왜냐하면 이 문제가 국문학 혹은 국문학 연구가 대중의 관심에서

■ 국문학(혹은 한국문학)은 고전문학·한문학·현대문학의 구성물이다. 이 글에서 내가 말하고자 하는 대상은 근대 이전에 생산되었던 고전문학과 한문학이다. 곧 국문학이라 하면, 흔히 국문문학이라 칭하는 고전문학과 한문학을 포함한다. 따로 구분할 필요가 있을 때는 고전문학, 한문학이라 지칭한다. 근대문학은 언급할 만한 식견이 없기에 말하지 않는다.

소외된 것을 반영하고 있는 것으로 여겨지기 때문이다. 국문학에도 과거 화려한 시절이 있었다. 예컨대 국문학은 언론의 관심 대상이었다. 새로운 자료나 한 편의 이본의 발견이 신문지상을 크게 장식한 적도 있었다. 지금은 어떤가? 국문학은 세상의 관심 대상이 아니다. 국문학과 학부생의 수가 줄어들고 수준도 낮아졌다. 전문연구자가 되어 국문학 연구에 종사하려는 대학원생의 숫자와 수준도 매한가지다. 국문학 연구를 위한 학회에서 '대중화'를 운위하는 것은, 연구의 심화와 축적에 따른 자연스러운 결과가 아니라, 연구가 봉착한 위기에 대한 인식의 소산일 것이다. 좀 더 솔직히 말하자면, 그것은 국문학 연구자가 갖는 위기의식이다.

  기묘하게도 학회와 학회원, 학회지, 그리고 논문의 생산량은 대폭 늘어났다. 하지만 양적 팽창은 질적 수준의 향상을 담보하지 못한다. 더욱이 그 양적 팽창이 어떤 주목할 쟁점도 갖지 못한다는 것은, 희극이자 비극이다. 같은 국학 분야에 속하는 한국사 쪽도 참담하기는 하지만, 예민한 쟁점을 둘러싸고 치열한 공방이 있다. 하지만 국문학 연구가 그런 쟁점을 상실한 것은 어제오늘의 일이 아니다. 국문학 연구는 한국 인문학의 변방에 속한 지 오래되었고, 변방에서도 오지의 소수자가 되고 말았다.

  하기야 국문학 연구와 국문학과는 사라지지 않을 것이다. 그것은 국가에 의해 강제된 초·중·고등학교 국어 교육의 영역에서 내셔널리즘을 생산하는 주요 수단으로 존재하기에 국어(한국어)와 함께 영원히 존속할 것이다. 하지만 국어 교육의 영역, 좁게는 국어교과서와 대학입시를 벗어나면 국문학은 순식간에 무의미한 것으로 전락할 것이다. 〈춘향전〉과 〈심청전〉을 민족의 고전으로 칭송하는 것은 국어교과서일 뿐이고, 아무도 그것을 적극적으로 찾아 읽지 않는 것이 현실이기 때문이다. 이른바 민족의 고전인 국문소설, 예컨대 〈흥부전〉과 〈심청전〉은 유아나 초등학교 저학년의 독서물로 존재할 뿐이다.

왜 이런 사태가 빚어지게 되었는가? 국문학이 갖는 콘텐츠가 빈곤하기 때문인가. 그것은 아니리라 생각된다. 국문학, 특히 그중 한문학은 무시하지 못할 정도의 콘텐츠를 가지고 있다. 하지만 그것이 대중의 관심을 끄는 것은 아니다. 물론 근자에 극소수 국문학 저작들이 대중의 관심을 끌고 있지만, 실제 논문의 형태로 이루어지는 절대다수의 연구물은 대중들과 쉽게 소통하지 않는다. 다시 묻거니와 국문학은 왜 학교의 교과서를 벗어나서 홀로 존립할 수 없게 되었는가?

2 '국민국가'가 구성한 국어, 외면당한 한문학

국문학은 존재했던 것이 아니라 구성된 것이다. 국문학 연구가 처음 시작되었을 때 그것은 주로 국문으로 쓰인 고전문학을 의미했고, 한문학은 배제되었다가 오랜 논란 끝에 국문학의 범위에 포함되었다. 한문학이 배제되었다가 포함된 복잡한 역사는 곧 국문학이 객관적으로 존재하는 실체가 아니라 구성된 것임을 나타낸다.

따져보아야 할 것은 국문학을 구성하려고 했던 그 의지다. 그것을 검토하면, 국문학 존재 이유를 밝힐 수 있을 것이다. 그 의지는 주지하다시피 근대 이후 국민국가를 건설하고자 하는 내셔널리즘에서 나온 것이다. 내셔널리즘은 계급과 신분, 성性, 지역 등 차별적으로 세분화된 인간 개체에게 그들이 어떤 동일한 집합에 속한다는 의식을 심기 위한 다양한 도구를 고안해냈다. 그중 가장 강력한 것은 언어와 역사였다. 동일한 언어를 사용하고, 동일한 기억을 공유하는 개체들의 집합을 만들기 위한 장치로서 한국어와 한국사가 발명되었던 것이다. 그리고 이 장치의 작동 속에서 국민-민족이 제작되었다.

이 장치들은 19세기 말부터 작동하기 시작하여 식민지시대에는 반제국주의 투쟁, 곧 독립운동의 주요한 수단이 되었고, 해방-

건국 이후에는 국가의 지원 아래 본격적으로 국민을 제작하기 시작하였다. 국어와 국사는 당연히 초·중·고등학교의 교과목에 필수과목이 되었고, 국문학은 국어과목의 대부분을 차지하게 되었다. 국어는 반드시 언어적 형상물로만 자신의 존재를 드러낼 수 있기 때문에 곧 국문학의 형태로 교과서에 실릴 수밖에 없었다. 국문학은 곧 국어의 신체였다.

교과서에 실린 국문학은 국민을 제작하는 데 그 목적이 있었기에 그것들이 '지금-이곳'의 나의 존재성과 유리되어 있다 해도 상관하지 않았다. 그리고 이에 대해 그 누구도 문제를 제기하지 않았다. 의미를 거의 확정할 수 없는 향가鄕歌와 이성계의 쿠데타를 합리화하기 위한, 날조된 서사시 〈용비어천가〉는 모두 '민족'의 것, 민족의 언어로 쓰인 것이기에 그 가치와 아름다움을 인지하도록, 감동하도록 강요받았다. 가부장적 윤리를 판타지를 동원해 선전하는 〈춘향전〉과 〈심청전〉과 〈흥부전〉이 지금 나의 가치관과 아무리 모순적 관계에 있는 것일지라도, 따라서 냉혹한 비판을 거쳐야 하는 것일지라도, 그것들은 오직 민족의 언어인 '국문'으로 쓰인 것이기에 민족의 고전이 되었고, 학생은 국문학자들이 주장하는 그 작품의 가치와 미학에 동의해야만 하였다. 털어놓고 진실을 말하자면, 국문학의 이른바 고전들은 현재의 체제와 사회에 대한 비판적 사유를 가능하게 해주기 때문이 아니라, 나의 현재 삶을 반성케 하는 예술적 텍스트라서가 아니라, 내가 곧 '국민'이기에 무조건적으로 그것의 고전성古典性에 찬동해야만 하는 텍스트였다. 그뿐만 아니라 국민 개인의 사회적 카스트를 결정하는 '거룩한 의식'인 대학입시에 출제되는 것이었기에, 작품에 대해 일방적으로 내려진 해석의 권위를 맹종하면서 그것을 '공부'할 수밖에 없었다. 이런 이유로, 대학입시를 거치고 나면 아무도 다시는 '고전문학'을 찾지 않았다.

물론 극소수 예외는 있었다. 여성은 남성에 대해 성적 종속성을 실천할 때 가장 완벽한 여성이 될 수 있다는, 가부장적 메시지를 담은 〈춘향전〉은 근대 자유연애의 지순한 사랑으로 해석되면서 널리 수용되었다. 하지만 그조차 〈열녀춘향수절가烈女春香守節歌〉의 독서가 아니라, TV나 영화 등의 영상물로 소비되었을 뿐이었다. 이런 소수의 예외를 제외하면 대다수의 고전문학은 '고전'이란 관형어를 앞에 가지고 있지만, 교과서를 벗어나면 고전으로서의 권위를 가질 수 없었고, 독서대중을 확보할 수 없었다. 내용이 빈약한 고전문학이 '고전'이란 관형어를 달게 된 것은, 거듭 말하거니와 그것이 민족어, 곧 한국어로 쓰였기 때문일 뿐이었다. 자국어를 표기할 수 있는 문자(한글)의 발명이 늦었기에 자국어 문학의 발달이 늦을 수밖에 없었고, 아울러 사회 지배층인 사대부가 한문을 문학 언어로 선택했기에 국문문학은 민중들의 손에 맡겨졌다. 사대부 체제는 민중의 무지를 전제 조건으로 하여 통치의 명분을 확립했으니, 자연히 민중의 국문문학은 인간과 사회, 그리고 자연에 대한 고도의 사유를 표현할 수 없었다. 물론 민중들의 국문문학은 민중의 삶과 생각을 엿볼 수 있다는 점에서 매우 소중한 것이다. 그러므로 민중의 문학이라 해서 낮게 평가될 수는 없다. 그러나 또 민중의 문학이라 해서 과대평가될 수도 없는 것이다.

양적으로 풍부한, 그리고 국문문학에 훨씬 고급한 내용을 담고 있는 한문학은 민족어로 쓰인 것이 아니라는 점에서 국문학의 범주에서 제외되거나 혹은 불완전한 국문학으로 오랫동안 존재했으며, 최근에 와서 비로소 국문학 연구의 대상으로 확정되었다. 하지만 내셔널리즘의 자국어에 대한 과도한 집착, 한자와 한문에 대한 한없는 증오로 인해, 한문학은 아직도 온전히 복권되지 못하고 '방외方外'에 있다. 번역을 해서 읽으면 된다고 하지만, 한문 원문에 대한 이해 없이 오로지 번역문만으로는 한문학의 의미와 미학을 이해할 수 없을 것이다. 이런 이유로 인해 한문학의 풍요로운 성취는 대중에게 외면되고 있다.

3 민족에서 자본으로

국민국가가 존속하는 한 내셔널리즘은 폐기되지 않을 것이고, 국어-국문학, 국사는 여전히 학교-교육 속에서 내셔널리즘을 생산하는 주요 장치로 남아 있을 것이다. 국문학은 사라지지 않을 것이고, 국문학 연구도 계속될 것이다. 그리고 이 장치의 우익들, TV와 저널리즘도 여전히 작동할 것이다. 하지만 국문학과 국문학 연구 결과물에 대한 대중들의 자발적 동의와 충성은 아마도 희박해지거나 사라질 것이다. 그리고 우리는 지금 진행 중인 이 과정을 목도하고 하고 있다. 그 이유는 무엇인가?

'권력은 시장으로 넘어갔다'는 말에서 간취할 수 있듯 국민국가 건설기에 국가권력의 보호 아래 있던 자본은 민주화 이후 국가권력(독재권력)의 보호막을 벗어던지고 도리어 국가권력을 통제하기 시작했다. 이제 자본이 주체이며, 국가는 자본의 대리인이 되었다. 작금 세계적인 금융위기, 국가파산 위기는 국가권력이 도리어 금융자본의 통제하에 있음을 여실히 보여준다. 우리가 말하는 국문학의 위기 역시 자본권력의 세계에 대한 전면적 지배에서 유래한 것이다. 국가권력이 자본의 통제하에 놓이면서, 인간의 삶은 '자본〉국가'의 복합적 지배하에 놓이게 된다.

한국의 자본은 이미 초국적超國的 자본의 성격을 띠고 있으며, 그로 인해 내셔널리즘에 대해서도 복합적으로 작용한다. 자본이 세계시장으로 자기 권력을 확장하려 할 때 내셔널리즘이 거추장스럽다고 여겨지면, 그는 내셔널리즘의 축소나 은폐를 기도한다. 한국의 세계화담론은 한국 자본주의의 전 지구적 세력 확장을 의미한다. 따라서 좁은 내셔널리즘으로는 세계화를 감당할 수 없다. 한국적 색채를 지움으로써 이윤을 거둘 수 있을 때 자본은 내셔널리즘의 색채를 약화할 것을 요구한다. 하지만 자본의 증식에 내셔널리즘이 필요하다면 내셔널리즘을 강화하는 입장을 취한다.

자본은 대내적으로 사회적 불평등을 호도·은폐할 필요가 있으면, 국민들의 동일성을 강조하면서 내셔널리즘을 강화한다. 곧 정규직과 비정규직의 차별을 은폐하기 위해 내셔널리즘을 강화하는 것이다. 반면에 값싼 노동력의 수입과 자본의 수출을 위해서는 내셔널리즘의 축소·약화를 기도한다. 또 어떤 경우에는 한국인과 비한국인을 차별하기 위해 내셔널리즘을 강화하기도 한다. 자본은 이처럼 전략의 다양한 변주를 통해 내셔널리즘을 복합적으로 통제한다.

최근 벌어진 몇몇 사태는 자본의 복합적 전략을 여실히 보여준다. 자본은 내셔널리즘을 약화시키기 위해 내셔널리즘을 생산하던 주요 기구와 장치를 손보고자 한다. 전술한 바와 같이 내셔널리즘을 생산하는 주요 장치는 언어와 역사, 곧 한국어와 국사다. 국가는 교육-학교란 강제적 기구에서 그 장치를 작동시킨다. 최근 국사교육, 곧 국사의 필수과목화를 두고 논란이 벌어진 것, 즉 한국어와 함께 내셔널리즘의 핵심적 도구인 국사가 필수과목에서 이탈했다가 다시 복귀했던 소동을 떠올려보자. 이것은 우연히 벌어진 사건이 아니다. 내셔널리즘에 대한 모종의 공격이 시작되었다는 신호다.

내셔널리즘을 수호하는 가장 굳건한 성채인 국어에도 구멍이 뚫리고 있다. 영어공용화론이 제기되는가 하면, '영어 몰입'의 정도는 날이 갈수록 강화된다.(어떤 대기업은 회의를 아예 영어로 진행한다고 한다.) 대한민국에서 영어는 국어보다 훨씬 더 중요한 생존수단이 되고 있다. 아마도 조만간 한국 사회의 귀족들은 한국어로 쓰인 책이나 한국어로 번역된 책을 읽지 않고, 영어원서를 읽을 것이다. 한문/한국어로 구분되었던 한국인의 사용 언어는 이제 영어/한국어의 관계로 급속하게 치환되고 있다. 한국어가 제1언어의 자리를 내어주는 일은 없을 것이지만, 귀족들의 제1언어는 영어가 되고 말 것이다. 귀족들은 영어에 홀린 나머지 충격적이게도 국사를 영어로 가르치자고 주장하기도 한다. 영어는 단순한 언어가 아니라, 초국적성을 갖고자 하는 자본의 주요 도구다. 따라서 국사를 영어로 가르치자는 발상과 국사가 필수과목에서 이탈했던 일은, 사실상 자본이 내셔널리즘의 주요 장치를 통제하려는 의도를 반영하는 것이다. 국사를 영어로 가르치자는 발상은, 자본의 내셔널리즘에 대한 최대의 능멸이자, 반역이다. 이제 자본은 내셔널리즘의 주요 장치까지 거침없이 유린할 수 있게 된 것이다. 내셔널리즘이 유난히 강조되는 부분도 있다. 스포츠 내셔널리즘, 그리고 한류가 그것이다. 김연아와 박찬호, 박지성 등의 스포츠 스타, 한류 가수와 한류 드라마에서는 한국의 내셔널리즘이 강력하게 인지되는 바, 그 강력한 내셔널리즘의 배후에 있는 것은 자본의 욕망이다. 이렇듯 자본은 내셔널리즘을 조종하는 실체다.

국문학도 여기서 벗어날 수 없다. 과거 국문학이 유의미한 것처럼 인식된 것은, 자본의 축적기에 있어 노동자의 저항을 잠재우기 위해 '국민의 단결'(박정희식으로 말하자면 '국민총화')이 필요했기 때문이었다. 국문학은 국어, 국사와 함께 '민족의 동일성'을 보장하는 중요한 인자로 인식되었고, 국문학을 통해 아무튼 국민은 국민-민족의 동일성을 주입받았다. 하지만 이제 국문학이 학교-교육의 영역을 떠나서 존립할 수 없게 된 것은 축적기를 거친, 성년이 된 자본이 초국적 형태를 띰으로써 내셔널리즘의 지원을 선택적으로 필요로 하기 때문이다. 그 선택은 언제나 이윤의 동기에서 이루어진다. 곧 자본이 내셔널리즘과 내셔널리즘을 만드는 기구·장치에 관심을 보인다면, 그것이 오직 이윤과 관계되기 때문이다. 주몽과 광개토대왕, 대장금 등 전근대에서 채취한 민족적 제재가 드라마로 변신하고, 한류를 이룰 수 있었던 것은, 그것이 곧 자본의 증식에 기여하기 때문이었다. 즉 자본과 결합하지 않은 민족적 제재는 이제 무의미한 것이 되고 말았다.

이제 자본은 인간의 삶 전체를 지배·관리하고, 삶 전체를 이윤 추구의 공간으로 삼기에 이윤과 관련되지 않거나 관련성이 희박한 부분에까지 이윤을 낳을 것을 요구한다. 종교와 학교, 의료, 예술은 자본과 관련이 희박한(또는 희박해야만 한다고 신념한) 부분이지만, 급속도로 자본에 포섭되고 있다. 영리병원의 설립 기도, 재벌기업의 대학인수, 국립대학의 법인화, 인문학과의 폐과 등은 자본이 국가권력을 동원하여 이윤을 낳을 수 없는 부분을 폐거廢去하고, 이윤을 낳을 수 있는 기구와 장치를 설치하라고 주문한 결과다.

인문학도 예외일 수 없다. 자본은 인문학에서도 이윤을 청구한다. 최근 이른바 국학, 특히 역사학(국사학)과 국문학에서 콘텐츠론이 유행했던(하고 있는) 것은 바로 이 때문이다. 콘텐츠는 이윤을 낳는 도구로 존재할 뿐이며, 이윤을 낳지 못하는 콘텐츠는 무의미하다. 전근대의 문화는 근대인의 호기심 대상이 되거나 내셔널리즘과 동거하여 소설과 영화, 그리고 TV드라마에 제재를 제공한다. 드라마 〈바람의 화원〉, 〈대장금〉, 〈주몽〉, 〈광개토대왕〉, 〈근초고왕〉, 〈계백〉, 〈대왕세종〉, 〈이산〉, 〈불멸의 이순신〉은 모두 대중이 언제나 만족스러워하는 영웅서사시의 구조를 차용한, 내셔널리즘과 자본의 호사한 화장 범벅이다.

    자본이 요구하는 인문학의 콘텐츠는 비유컨대 영혼을 상실한 인간이다. 한데, 문제는 국문학은 콘텐츠조차 팔아먹기 어렵다는 것이다. 그동안 내셔널리즘을 존재의 근거로 삼던 국문학은 자본이 내셔널리즘을 비판하면서 콘텐츠를 요구하자, 그 요구에 쉽게 응할 수 없었다. 왜냐하면 국문학은 콘텐츠란 것을 인식하지 못했고, 따라서 이를 판매해본 적도 없기 때문이다. 내셔널리즘이 비판의 대상이 될 줄 꿈에도 생각하지 않아서였다. 이제 어떻게 할 것인가. 영혼 없는 콘텐츠를 개발하여 자본의 요구에 응함으로써 자본과 불행할 수 있는 동거를 할 것인가. 그리고 그것을 국문학의 대중화라고 부르면서, 국문학의 존재 가치를 입증할 것인가?

4 대중화의 전제 조건

대중은 구별적인 속성을 배제한 불특정 다수인 바, 국문학의 대중화란 국문학이 불특정한 다수의 관심 대상이 되는 것을 의미할 것이다. 하지만 불특정한 다수의 관심을 충족시키는 방법은 원초적인 욕망을 자극하는 값싼 흥밋거리가 되기 일쑤다. 따라서 대중화된 국문학이라면 예컨대 TV의 불륜드라마나 영웅서사시의 구조를 내장한 역사물의 소재여야 할 것이다. 아니면 민족의 '우월한 문화'를 자랑하는 것이거나. 그도 아니라면, 대중에게 현실의 척박함과 고달픔을 잊게 하는, 달콤한 위안을 주는 것이어야 한다. 이런 의미에서의 국문학의 대중화라면 자본의 욕망과 내셔널리즘에 기대어 대중에게 저급하게 영합하는 길이 될 뿐이다. 국문학 연구가 이런 길을 걷고자 하는 것은 아닐 터이다.

예상되는 대중화의 자명한 길을 검토해보자. 이것은 재래의 국문학 연구의 암묵적 전제들과 깊이 관련될 것이다. 이제까지 국문학 연구는 민족의 순수와 우월이란 두 가지 준거 위에서 이루어졌다.■ 만약 국문학의 대중화를 추구할 경우, 그것은 민족의 문학이 얼마나 우월한 것인지를 입증하는 방식으로 낙착될 가능성이 높다. 과거 국문학 연구는 민족적 체험의 부정적 속성을 '한'으로, 긍정적

■　'순수'와 '우월'에 대해서는 《국문학과 민족 그리고 근대》(강명관 지음, 소명출판, 2007)을 참고할 것.

속성을 '멋'과 '신명'으로 요약하고, 그것을 민족의 미학으로 승격시켜 국문학의 우월성을 천명하였으니, 앞으로 대중화는 이런 이항대립의 변주가 될 가능성이 높다. 예컨대 이 이항대립을 민족의 수난과 극복으로 변주한 뒤 시간의 흐름 속에 적절히 배치하면, 그것은 민족을 주어로 하는 영웅서사시가 된다. 즉 국문학사는 민족에게 주어진 무수한 고난을 극복하고 민족의 영광스런 미래를 향해 가는 민족문학을 주어로 하는 긍정적 이야기다. 조동일 선생의 《한국문학통사》가 장대한 구성을 취할 수밖에 없는 것은 국문학사가 곧 민족의 영광을 노래하는 영웅서사시의 성격을 띠고 있기 때문이다.

영웅서사시는 사실이 아니다. 허구다. 민족의 영웅서사시는 '지금-이곳'의 대다수 인간과 사회가 직면하고 있는 난제를 해결하기는커녕 판타지로 대중의 의식을 마비시키는 데 동원될 뿐이다. 곧 국문학을 민족의 우월성을 선전하려는 도구로 이용하거나, 국문학사를 영웅서사시로 만들어 선전하는 것, 혹은 이의 변종으로 전근대문학에서 뜯어낸 언어를 '고전에서 얻는 지혜'란 이름 혹은 조상의 지혜란 이름으로 포장하는 것은 모두 지양되어야 할 것이다.

비판적으로 검토되어야 할 또 하나의 전제는, 국문학에 대한 발전론적 관점이다. 발전론적 관점에서 보면 국문학은 변화의 유동 속에서 파악된다. 문학은 변화한다. 하지만 그 변화를 발전이라 인식해야 한다는 강박에 사로잡힐 필요는 없다. 발전론적 관점은 문학의 동시대적 존재성에 대한 정확한 인식을 방해하기 때문이다. 국문학 연구의 전제를 이루었던 발전론적 관점의 궁극적 목적은 국문학사의 근대로 향하는 루트를 찾기 위한 것이었다. 하지만 그것은 서구사에서 추상된 고대→중세→근대라는 보편사적 역사발전단계(라고 우리가 일방적으로 믿고 있는 것)에 국문학사를 끼워 맞추려는 작업에 불과하다. 국문학의 작품들은 프로쿠루테스의 침대와 같은 보편사적 발전 단계 속에서 비로소 의미를 갖도록 해독되었던 것이다. 이것은 작품이 존재했던 컨텍스트 속에서 작품을 해독하는 것이 아니라, 작품과 관계없는 컨텍스트를 작품을 옮겨가서 강제로 해독하고 의미를 부여하는 것이었다. 이것은 심각한 모순이 아닌가?

위에서 두 가지 전제를 검토했다. 이제 어떻게 해야 할 것인가? 과거 조윤제 선생이 국문학 연구를 독립운동으로 생각했을 때 국문학 연구는 제국주의에 대한 비판을 함축하고 있었다. 즉 국문학 연구는 제국주의로부터의 해방, 억압으로부터 인간의 해방이라는 지향성을 갖고 있었던 것이다. 이 때문에 식민권력은 국문학 연구(그리고 국어와 국사 연구)를 불온한 비판성을 갖고 있는 것으로 인지하고 탄압하였다. 정리하자면, 국문학 연구는 원래 비판적 불온성을 내장하고 있었던 것이다. 하지만 해방 이후 국문학 연구는 비판적 불온성을 천천히 희석시키면서 국민국가의 건설에 동원되었다. 급기야 인간 개체의 계급성은 국민이란 이름하에 완벽하게 은폐되었다. 국문학은 그 은폐의 도구가 되고 말았던 것이다.■

이제 국문학 연구는 과거 조윤제 선생의 국문학 연구가 제국주의에 저항하는 불온성을 가졌던 것처럼, 그 불온한 비판성을 회복하고, 그것을 대중화의 전제 조건으로 삼아야 할 것이다. 곧 국문학 연구는, 국가와 자본에 대한 비판적 불온성 위에서 국문학이 인간의 평등과 자유, 환경이란 보편적 가치와 연관되어 있음을 밝히는 것이어야 할 것이다. 이를 위해 국문학 연구는, 앞서 말했듯 국문학에서 민족의 우월성이나 순수성을 찾아내려 하거나 국문학사를 영웅서사시로 구성하는 것, 그리고 작품을 고대→중세→근대로 정렬시키는 것을 지양해야 할 것이다. 국문학 연구에서 해야 할 일은 실재했던 사회적 컨텍스트 속에서 국문학이 어떻게 존재하고, 어찌

■ 불행한 일이지만, 현재 한국 사회는 계급사회가 되었다. 이 점을 에누리 없이 인정해야 할 것이다. 재벌회장과 백수는 동일한 대한민국의 국민이 아니다! 학벌과 재산, 정치권력 등의 소유로 인한 복잡한 관계망이 형성한 한국 사회의 지배 귀족층은, 88만원 세대와는 이미 이질적인 인간이 되었다.

기능했는지 살피는 것, 그리고 작품의 깊이를 밝히는 것이어야 한다. 이 작업을 통해 문학의 동시대적 의미와 기능이 밝혀질 것이다. 이런 작업을 통해 국문학은 억압과 해방의 양면적 속성, 그리고 양자의 복잡한 관계를 드러낼 것이다. 몇몇 구체적인 예를 들어보자.

우리가 물려받은 문학 유산의 절대다수를 차지하는 한문학은 지배층인 남성-사대부의 것이다. 남성-사대부는 한문을 습득하고 한문학을 창작함으로써 민民과의 차별성을 확보하여 민을 지배했다. 한문학은 곧 사대부 계급의 이익을 위한 문학이다. 생각해보라. 한문으로 쓰인 얼마나 많은 문학이 여성과 상민과 노비를 억압하고 배제했던가. 한문학은 그 수다스런 언어 구사에서 여성을 배제한다. 하지만 유일하게 한문학이 여성에게 바친 방대한 양의 언어 형상물, 곧 열녀전은 사디즘과 죽음의 언어다. 규방가사의 대다수를 차지하는 〈계녀가誡女歌〉와 〈복선화음가福善禍淫歌〉는 여성을 남성에게 성적으로 종속시키려는 의도를 갖는 유교적 가부장제의 산물이 아닌가? 규방가사의 대부분은 가부장제의 관철이라는 컨텍스트에서 해독되어야 할 것이다. 이런 의미에서 열녀전과 규방가사는 여성에게는 억압의 장치다. 결코 '민족의 전통'이란 말로 호도되어서는 안 될 것이다.

대부분의 문학 유산이 몰려 있는 조선후기 문학사에 대해서 국문학 연구자들은 작품의 근대로의 지향성을 찾아내려 하면서 문학이 중세적 질곡에서 해방되려는 언어라고 주장했다. 하지만 그것은 선입견에 의한 주장일 뿐이다. 〈춘향전〉은 여성의 성적 종속성을 강요하는 텍스트임에도 불구하고, 그들은 이것이 마치 여성의 해방, 민중의 승리를 담은 작품인양 진보적인 해석을 가했던 것이다. 박지원의 〈열녀함양박씨전〉은 여성의 성적 욕망의 해방을 주장하는 것으로 해석했다. 하지만 이는 여성 성욕의 존재(너무나 당연한 것!)를 인정하면서 금욕할 것을 요구하는 텍스트다. 〈열녀함양박씨전〉은 여성의 성적 종속성을 강화하는 데 동원되었을 뿐이다. 이 왜곡된 해석의 이유는 이러하다. 국문학 연구자들이 내재적 근대를 주장하기 위해 가공의 실학과 실학자를 구성하고, 그 실학자가 제작한 작품을 예외 없이 근대적인 것, 곧 중세의 '질곡'을 벗어나고자 한 것으로 해석했기 때문이다.

당연히 모든 문학이 억압은 아니다. 연암과 다산, 성호星湖(1681~1763, 본명 이익) 등의 문학에는 억압은 물론이고 해방의 언어도 함유되어 있다. 〈홍길동전〉은 억압이면서도 저항과 해방의 언어다. 유가儒家의 사유에도 당연히 인간을 해방하는 사유가 포함되어 있다. 그러므로 우리는 그 모든 언어에서 억압은 물론이고 당연히 해방의 언어도 찾아내어야 할 것이다. 예컨대 지금은 전혀 주목하지 않는 가사 〈농가월령가農家月令歌〉에서 우리는 자본주의적 농업을 넘어서기 위한 소농小農의 삶을 읽어낼 수 있다. 이런 연구와 해석은 끊임없이 '지금-이곳'의 문제와 병치되면서, 결과적으로 우리가 자본-국가의 권력을 넘어서서 인간의 평등, 평화, 자유, 그리고 환경과 어떻게 조우할 것인지 설득력 있게 말할 것이다. 그리고 이때 비로소 대중화의 전제 조건이 마련된다고 할 수 있을 것이다.

5 국문학, 어떻게 대중과 만날 것인가

① 전문성의 강화. 우리가 연구라고 부르는 것은 대개 대학과 학회를 중심으로 하는 이른바 '학계'에서 통용되는 것이다. 그것은 높은 전문성, 곧 학문적 엄밀성을 지향해야 할 것이다. 하지만 과연 국문학 연구가 전문성을 강화해왔는가? 국학 중에서 국어학은 학문 성격이 언어, 곧 한국어의 성질을 밝히는 것이기에 자연과학에 가까우며, 또한 근대 언어학이 갖는 학문적 방법의 엄밀성을 도입한 결과로 보다 쉽게 전문성을 강화할 수 있었다. 다른 형제인 국사 역시 역사 연구의 기초라 할 실증성을 기반으로 출발했기에 황당한 경지로 빠지지는 않았다. 하지만 국문학은? 아는 바와 같이, 한동안 주류를 이루었던 실증적 연구가 시들해진 이후 국문학 연구는 실로

적막하고 지리멸렬하다. 말이 옆으로 약간 새지만, 요즘 향가와 고려가요는 연구자를 찾기 어려우며 가사, 시조 등의 분야에서 주목할 만한 연구가 나오지 않은 지도 오래되었다.

한문학 역시 사정이 다르지 않다. 과거 한문학을 창작하던 시대의 한문(학)을 해독하고 이해하는 능력은 사라진 지 오래다. 번역의 중요성이야 굳이 말할 필요가 없지만, 번역이 곧 연구의 수준을 보장하는 것은 아니다. 문제는 국문학 연구를 저해하는 외적 환경에도 있겠지만, 국문학계 전반의 해태解怠 역시 지적되어야 한다. 이들은 내셔널리즘이라는 보호막 아래 학문이라 부를 수 없을 정도로 수준이 낮은, 전문성을 결여한 연구물을 무수히 쏟아내지 않았던가. 무엇보다, 국문학에 대한 문헌적 엄밀성과 완전한 논리를 갖춘 전문성 높은 연구물이 필요하다. 이러한 전문성을 기반으로 할 때 독서대중의 관심을 끌 수 있다.

② 해석 컨텍스트의 다양화. 또 다른 방법은 작품을 해석할 다양한 컨텍스트를 찾아내는 것이다. 그러면 해석은 얼마든지 풍부해질 수 있다. 다만 이것을 위해 시각의 전환이 필요하다. 《열녀의 탄생》을 쓸 때 느낀 것이지만, 조선조가 남긴 수많은 열녀전과 정려기는 천편일률적이다. 따라서 연구할 것도 없다. 하지만 '왜 동일한 것이 반복되는가' 하고 생각하면 풍부한 연구거리가 나온다. 즉 천

편일률적인 작품, 형식, 수사법에 주목하면 전혀 다른 해석을 끌어낼 수 있다. 요는 발상의 전환을 통해 작품을 새롭게 해석할 컨텍스트를 찾아내어야 한다는 것이다.

③ 논문 외적 글쓰기. 학진이 강제하는 등재지에 글을 쓰는 것을 최소화해야 한다. 지금의 제도하에서 논문 쓰기를 완전히 거부하는 것은 불가능하겠지만, 이를 최소한으로 해야 한다. 등재지 논문 편수를 올리는 데 몰두하는 것은, 국문학 연구를 확실하게 죽이는 지름길이기 때문이다. 논문 외에도 허다한 글쓰기 방식이 있다. 논문이라는 화석화한 글쓰기에만 매달리는 이상 국문학 연구는 대중화될 수 없을 것이다. 따라서 논문 외적 글쓰기에 적극 나설 필요가 있다. 다양한 매체에 다양한 글쓰기를 시험할 필요가 있다.

④ 문체 문제. 논문 외적 글쓰기와 아울러 무엇보다 지적하고 싶은 것은 전문성을 바탕으로 한 다양한 문체의 실험이다. 고전문학·한문학은 다양한 글쓰기란 전통을 팽개치고 무미건조한 논문 문체만을 고집한다. 그런 논문식 문체는 독서대중의 관심을 끌어내지 못한다. 제재가 중요한 것은 물론이지만, 제재보다 더 중요한 것은 문체다. 격이 있으면서도 쉽고 흥미로운 문체의 개발이 절대적으로 필요하다. 학문의 순수성을 운운하면서 대중적 글쓰기를 외면하는 것은 자기도취증일 뿐이다. 대학의 국문학과에서는 강도 높은

글쓰기 훈련을 할 필요가 있다. 이것은 국문학과의 인재 개발에도 이롭다.

⑤ 다른 학문 장르나 예술과의 교섭. 국문학과 다른 장르를 교섭하여 글쓰기를 할 필요가 있다. 즉 국문학과 역사, 미술사, 음악사, 사회사 등의 결합을 통해 유의미한 결과를 가져올 수 있다. 예컨대 〈농가월령가〉는 회화사의 경직도耕織圖와 결합할 필요가 있다. 그것은 신자유주의가 포기한 농업, 자본주의적 산업이 된 농업에 대한 비판으로서 소농의 중요성을 부각시키면서, 산업을 넘는 새로운 사회에 대한 가능성을 열어 보일 수 있다. 그리고 유배가사와 기행가사는 인문지리적 관점이나 생활사의 관점에서 접근할 필요가 있다. 이런 작품에서 심각한 주제의식을 끄집어내려고 하거나, 미학을 추출하는 방식은 지양해야 한다. 또 이것을 반드시 논문으로 써야 하는 것도 아니다.

6 인간을 지향하는 국문학을 바라며

국문학의 대중화, 곧 국문학의 연구 결과가 대중들의 지속적인 관심의 대상이 되기 위해서는 국문학이 내셔널리즘에 입각해 민족의 우월감을 충족시켰던 과거에서 벗어나야 할 것이다. 궁극적으로 국문학 연구는, 현재 인간의 삶을 옥죄는 자본과 국가의 권력을 넘어서 인간의 보편적 가치인, 평등, 평화, 자유, 그리고 환경의 회복을 지향하는 것이어야 할 것이다. 그럴 때 비로소 국문학의 대중화는 성공할 수 있을 것이다.

그를 위해 연구의 전문성을 강화하고, 작품 해석의 컨텍스트를 다양하게 찾아내며, 오직 논문만 쓰는 연구 풍토에서 벗어나 다양한 형태의 글쓰기를 시도할 필요가 있다. 한편으로는 다양한 문체의 실험을 통해서 대중에게 다가가야 할 것이다. 아울러 국문학을 중심에 놓고 다른 학문 및 예술과의 교섭을 통해서 국문학 연구의 외연을 넓혀야 할 것이다. 이와 같은 다양한 방법의 모색을 통해서 국문학은 대중화에 성공할 수 있을 것이다.

침묵의 공장
복종하는 공부에 지친 이들을 위하여

지은이   강명관

2013년 4월 22일 초판 1쇄 발행

책임 편집   김서연
편집자   선완규·김서연·박정선
디자인   민진기디자인
용지   화인페이퍼

펴낸이   선완규
펴낸곳   천년의상상
등록   2012년 2월 14일 제300-2012-27호
주소   (121-865) 서울시 마포구 연남동 239-16 101호
전화   (02) 739-9377
팩스   (02) 739-9379
이메일   imagine1000@naver.com
블로그   blog.naver.com/imagine1000

ⓒ 강명관, 2013

ISBN   978-89-968706-5-4 03100